AI와 일본 문학 번역

인공지능총서

인공지능 시대입니다. 기계가 인간의 인지를 대신하고, 사물이 인간을 통하지 않고 다른 사물과 직접 커뮤니케이션합니다. 이에 따른 인간 삶과 문명 변화를 정확히 이해 · 예측 · 대응하는 것은 이 시대 우리 모두의 과제입니다. 인공지능총서는 인공지능 기술과 환경의 여러 주제를 10가지 키워드로 정리합니다. 관련 개념과 이론, 학계와 산업계의 쟁점, 우리 일상의 변화를 다룹니다. 인간과 기술의 현재, 미래를 세심히 분석합니다.

일러두기

- 인명, 작품명, 저서명, 개념어 등은 한글과 함께 괄호 안에 해당 국가의 원어를 병기했습니다.
- 외래어 표기는 현행 어문규정의 외래어표기법을 따랐습니다.

처음이세요?

전문가세요?

AI와 일본 문학 번역

노윤지

대한민국, 서울, 커뮤니케이션북스, 2025

AI와 일본 문학 번역

지은이 노윤지
펴낸이 박영률

초판 1쇄 펴낸날 2025년 10월 24일

커뮤니케이션북스(주)
출판 등록 2007년 8월 17일 제313-2007-000166호
02880 서울시 성북구 성북로 5-11
전화(02) 7474 001, 팩스(02) 736 5047
commbooks@commbooks.com
www.commbooks.com

ISBN 979-11-430-0858-9 03500

책값은 뒤표지에 표시되어 있습니다.

차례

인공지능 번역의 미래를 사유하다

인간의 언어에 도전하는 기계의 시도

인공지능 기술의 발전은 번역의 양상 자체를 바꾸어 놓았다. 이제 번역은 단지 전문가만이 수행하는 작업이 아니라 누구나 쉽게 할 수 있는 자동화된 기능의 영역으로 인식된다. 2016년 인공신경망 기계 번역(NMT)의 도입 이후 번역은 비약적으로 향상되었고 통번역 업계는 교육이나 연구를 통해 새로운 패러다임에 적응하려 하면서도 직업 안정성에 대한 우려와 미래에 대한 혼란과 불안으로 비관적인 전망이 팽배했다(김순미, 2018).

기계가 번역가를 대체할 것이라는 문제를 두고 논쟁이 확산되었고 이를 대응하는 차원에서 포스트 에디팅(Post-Editing) 교육이 확대되기 시작했다. 번역가는 이제 기계가 생성한 초안을 교정하고 조율하는 감수자의 역할로 위치가 이동하고 있으며, 이러한 변화는 새로운 역량 요구로 이어지는 동시에 인간 번역의 노동 가치와 창의성을 어떻게 평가할 것인가 하는 윤리적 문제를 제기한다.

속도와 비용 면에서 효율성을 자랑하는 기계 번역의 변화는 문학 번역의 영역에서도 예외가 아니었다. 일부 출판사나 연구자들 사이에서도 기계 번역의 보조적 활용이 시도되고 있지만 그에 따른 우려와 논쟁도 적지 않은 것이 현실이다. 문학은 언어를 다른 언어로 바꾸는 작업을 넘어서 감정과 사고 그리고 미적 구조를 함께 옮기는 고도의 해석적 · 창조적 작업이기 때문이다.

이러한 현실 속에서 제기되는 쟁점은 단순하지 않다. 번역가의 역할은 어떻게 변화해야 하는가? 기계가 번역하는 시대에 인간은 여전히 생산의 주체로 남을 수 있는가? AI는 문학 언어의 층위와 맥락을 어느 수준까지 이해하고 구현할 수 있을까?

이와 같은 문제에도 인간과 AI가 협업하는 시대는 이미 시작되었으며 앞으로 더욱 정교하고 복합적인 형태로 발전할 것이다. 번역가는 기계가 놓친 의미를 포착하고 언어의 층위를 다시 구성해 기술과 감각의 중간 지점을 탐색하는 존재로 그 역할이 새롭게 정의되고 있다. 동시에 AI가 인간을 '대체할 것인가'의 질문을 넘어 AI가 인간의 창의성과 어떻게 접속하고 도전하는가를 묻지 않을 수 없는 경계에 와 있다. 이러한 시점에 이 책은 문학 번역, 그중에서도 일본 문학이라는 고유한 언어문화의 영역이 AI와 어떻게 만날 수 있는지를 살펴보는 데에서 출발한다.

노버트 위너(Norbert Wiener)는《인간의 인간적 활용(The Human Use of Human Beings)》(1950)에서 인류가 인간의 사고와 판단을 기계에 무비판적으로 위임할 경우 자신의 운명을 스스로 통제하지 못하게 될 위험성에 대해 경고한 바 있다. 또한 기계가 전 지구적인 통제권을 행사하기에는 제약이 있지만, 엘리트 인간 집단이 기계나 기계와 유사한 통제 시스템을 통제하며 인간성을 억압하리라는 상상과 함께 고도로 발달한 기계의 목적을 예측하기 어렵다는 점에 대해 경고하기도 했다(스티븐 핑커 외, 2021).

주지하듯 AI와 인간의 협업은 불가피한 현실이 되었고 기계에 대한 의존이 인간 번역가의 역할과 언어적 상상력을 어떻게 변화시키는가를 더욱 비판적으로 성찰해야 할 시점에 와 있다. 위너가 강조한 '인간의 인간적 활용'이라는 명제는 AI 시대의 번역 실천에서 여전히 유효하다. 기술은 도구일 뿐 판단과 해석 그리고 문학이라는 인간 고유의 감응을 매개할 책임은 여전히 인간에게 남아 있기 때문이다.

문학을 번역한다는 것

기계가 언어를 처리하는 속도와 정확성은 인상적이다. 짧은 시간 안에 수천 개의 문장을 번역하고, 일정 수준의 문법적 완결성을 갖춘 결과물을 생성하는 AI의 능력은 분명 인간에게 실용적인 도구가 된다. 그러나 번역이 문장의 표면적 구조를 재배열하는 작업이 아니라 한 언어가 담고 있는 세계관과 정서 · 문화적 문맥을 함께 옮기는 작업이라면 이야기는 달라진다. 문학 번역이 언어가 형성된 역사적 층위와 미적 감수성을 함께 해석해야 하는 고유한 영역이라는 것을 상기한다면 더욱 그렇다.

이러한 층위는 번역 실천에 대한 전통적인 인식과 번역가의 역할에 대해 근본적인 질문을 던지게 한다. 문학 번역의 세계가 여전히 다른 리듬 위에 놓여 있고, 인식의 도구이자 사회적 담론의 형식인 문학을 일정 수준 모사할 수 있는 AI의 언어 행위가 과연 문학이라 불릴 수 있는가에 대한 고민이 문학이라는 개념에 부여해 온 전통과 신념을 재검토하는 철학적 과업이기도 하기 때문이다(박주택 외, 2025). 이런 이유로 문학 번역은 기술적 정교함이나 언어적 정확성만으로는 그 본질을 설명할 수 없다. 번역이 원문을 언어적으로 치환하는 작업이 아니라 그 텍스트에 담긴 감정과 사유, 시대적 맥락과 미적 감수성까지 함께 해석하고 재구성하는 창조적 행위인 까닭이다.

AI가 생성한 언어는 일정 수준에서 문학적 형식을 흉내 낼 수는 있지만 그것이 진정한 의미에서 문학이라 불리기 위해서는 누구에 의해 어떤 맥락과 목적 아래에서 만들어졌는지에 대한 이유 또한 함께 성찰해야 한다. 이는 번역에서도 마찬가지다. 번역문이 문학으로 기능하기 위해서는 그저 원문을 재현하는 것만으로는 부족하며 그 안에 담긴 타자의 삶과 감정을 해석하고 이를 다시 전달하는 책임 있는 주체 곧 인간 번역가의 개입과 감각이 필수적이다.

AI가 고도화됨에 따라 AI는 점점 더 '인간다움'의 영역을 모사하고자 한다. 그러나 바로 그렇기 때문에 인간 고유의 인식 방식과 감각이 오히려 더욱 중요해지는 역설적인 상황에 직면해 있다. 우리가 AI 시대에도 문학 번역이라는 행위를 지속하는 이유는 언어를 매개로 타자를 이해하고 감정의 미세한 결을 다시 살려 내는 인간 특유의 감각과 해석 능력을 통해 서로의 세계를 잇고자 하는 근원적 욕망 때문이다. 이 과정에서 인간 번역가의 역할은 더욱 복합적이고 윤리적인 방식으로 새롭게 정의되어야 할 것이다.

이 책의 구성

이 책은 AI 기술의 발전이 일본 문학 번역에 어떠한 영향을 미치고 있으며 그 과정에서 번역가의 역할과 문학이라는 개념 자체가 어떻게 정의되고 있는지를 탐색하고 있다. 기술 활용의 가능성을 제시하는 데 그치지 않고 번역의 본질을 다시 묻고자 하며 문학 텍스트를 둘러싼 해석 · 재현 · 창조의 의미를 사유하고자 했다.

1장에서는 기계 번역의 역사적 발전 과정을 살펴보았다. 규칙 기반 기계 번역(RBMT)에서 통계 기반 기계 번역(SMT) 그리고 현재의 인공신경망 기계 번역(NMT)에 이르는 기술적 전환 과정을 통해 번역 기술의 진보와 그 사회적 파급을 조망했다.

2장에서는 현재 사용되고 있는 온라인 AI 번역 도구들의 현황을 소개하고 딥엘 · 챗지피티 · 구글 제미나이 등 대표적인 번역 도구의 문학 텍스트 적용 사례를 중심으로 번역 품질이나 활용의 양상 그리고 사용자의 인식 등을 분석했다.

3장에서는 AI 기술이 일본 문학 창작과 연구의 현장에서 어떻게 활용되고 있는지를 조명했다. 생성형 AI를 활용한 문학 실험은 기존 예술 개념과 창작 주체에 대한 새로운 질문을 던지고 있으며 AI 기반의 텍스트 분석이나 디지털 아카이브 구축은 문학 연구의 방법론을 재편하고 있다. 이러한 의미에서 이 장은 문학의 창작과 해석이 AI와 어떻게 연결되고 있는지 그 현재적 양상과 가능성을 조망해 본 것이다.

4장에서는 해방 이후부터 현재까지 한국에서 이루어진 일본 문학 번역의 흐름을 살펴보았다. 문인 번역가 중심의 초기 수용에서 전문 번역가 체제로의 전환 그리고 대중문학의 확산 과정을 통해 일본 문학에 대한 수용 태도와 번역의 문화적 위상을 고찰했다.

5장에서는 일본 문학 번역이 지닌 언어적·문화적 특수성을 중심으로 AI 번역이 직면하는 해석의 과제를 분석했다. 한자와 가나의 혼용, 고어와 현대어의 중첩, 주어 생략과 암시적 표현, 정서적 뉘앙스의 전달 등은 일본 문학 번역을 섬세하고 복합적인 작업으로 만든다. 이러한 특성은 AI 번역 기술이 마주한 한계와 가능성을 점검하는 초석이 되며 문학 번역에 있어 인간 번역가의 역할과 감각이 여전히 중요한 이유를 시사한다.

6장에서는 일본 고문헌의 특성과 그 번역 가능성을 중심으로 AI 기술의 활용 방식과 의의를 살펴보았다. 고문헌은 일본어의 역사성과 문학적 전통을 담은 중요한 자산이며 AI는 이러한 자료의 디지털화와 자동 판독 그리고 현대어로의 번역에 기여하고 있는 것에 중점을 두고 AI가 일본 고문헌을 어떻게 문화 자산으로 재맥락화하고 있는지를 사례를 통해 살펴보았다.

7장에서는 실제 문학 텍스트를 바탕으로 AI 번역과 인간 번역 결과를 비교 · 분석한 뒤, 문장의 구성이나 문체 등에서 드러나는 차이를 통해 AI의 성과와 한계를 입증하고 인간의 감각과 해석이 필수적인 영역을 부각시켰다. 나아가 인간과 AI의 협업 가능성을 구체적으로 검토했다.

8장에서는 AI 시대에 번역가에게 요구되는 역량에 대해 기술했다. 이를 위해 기계 번역 결과를 비판적으로 감식하고 감정과 문화 맥락을 재구성할 수 있는 능력과 창의적 해석의 중요성을 강조했다.

9장에서는 AI 번역이 제기하는 저작권과 윤리 문제를 검토한다. 번역물의 저작권, 기계와 인간의 공동 창작물에 대한 권리 문제, 번역가의 노동 가치 변화 등 법적 · 윤리적 쟁점을 폭넓게 논의했다.

10장에서는 이상의 논의를 종합해 AI 번역 시대의 일본 문학 번역과 연구의 미래를 전망해 보았다. 기술적 진보와 인간의 해석 능력이 공존하는 새로운 번역 생태계에서 번역가의 역할과 문학 연구의 지형이 어떻게 재편

될 수 있을지를 논구해 보았다.

참고문헌

김순미(2018). "AI시대 인간번역과 기계(NMT)번역의 공존: 경영학 '확장(Augmentation)전략' 중심". 《통역과 번역》, 20(2), 1~32쪽.

박주택 외(2025). 《인공지능 시대의 문학》. 경희대학교 출판문화원.

스티븐 핑커 외(2021). 《인공지능은 무엇이 되려 하는가》. 김보은 옮김, 프시케의 숲.

01
기계 번역의 발전

AI의 발전은 번역 분야에서 혁신적인 변화를 가져왔다. 1950년대 기계 번역의 기초가 마련되면서 번역의 자동화가 시작되었고 시간이 흐르면서 기술의 발전을 통해 이제는 각 국가 간 언어의 장벽을 뛰어넘을 수 있는 가능성을 제시한다. 이제 AI를 활용한 기계 번역은 언어의 의미를 깊게 해석하고 실시간 상호 작용이 가능하며 다문화적 맥락까지도 포용하는 수준으로 발전했다.

AI와 1인 창업?

규칙 기반 기계 번역

기계 번역(Machine Translation)의 역사는 17세기까지 거슬러 올라간다. 당시 독일의 철학자이자 수학자인 라이프니츠(Leibniz)와 프랑스의 철학자이자 수학자인 데카르트(Descartes)는 서로 다른 언어 간에 단어들을 상호 관련시켜 코드화하는 방법을 제안했다. 이 코드화 방법은 현재는 이론으로만 남아 있지만 현대 기계 번역 기술의 기초가 되는 중요한 개념으로 자리 잡았다.

기계 번역의 구현 가능성은 현재에 이르기까지 크게 세 번의 단계를 거쳐 왔다. 먼저 규칙 기반 기계 번역(RBMT, Rule-Based MachineTranslation)에서 통계 기반 기계 번역(SMT, Statistical Machine Translation)을 거쳐 최근에 활용되는 인공신경망 기계 번역(NMT, Neural Machine Translation)이 바로 그것이다.

규칙 기반 기계 번역은 전통적인 자연 언어 처리 프로세스에 언어학자들이 구축해 놓은 언어 규칙을 기반으로 번역하는 것을 의미한다(박찬준, 2020). 이는 미국의 수학자인 웨버(Warren Weaver)에 의해 시작되었는데 그는 단어 대 단어의 번역 방식의 한계를 인식하고 문장의 맥락과 그 의미를 컴퓨터로 추론하는 암호학적 방법을 기계 번역에 응용했다. 언어 번역도 결국 일종의 암호

해독 문제라고 보고 인간의 언어도 수학적 · 통계적으로 분석할 수 있을 것으로 보았던 것이다.

1954년 1월 조지타운 대학(Georgetown University)의 언어학자 리옹 도스테어(Léon Dostert)는 250개의 어휘와 6개의 문법 규칙을 지고 있는 러시아어 기계 번역 시스템을 IBM과 공동으로 개발해 '조지타운-IBM 실험'이라는 이름으로 시연했다. 당시 번역은 사전과 문법 규칙을 사용해 단어 변환 수준에서 처리하는 방식이었다. 이날 러시아어 약 50문장을 영어로 번역하는 실험은 성공적으로 끝났고 이는 기계 번역 연구에 대한 대대적인 지원과 투자로 이어졌다.

그러나 이러한 관심이 좋은 성과로 이어지지는 않았다. 1966년 미국의 자동 언어 처리 자문위원회(ALPAC, Automatic Language Processing Advisory Committee)는 기계 번역의 연구 현황을 평가하고 향후의 방향을 제안하기 위해 조사를 실시했는데 예상과는 다르게 기계 번역 연구의 성과가 기대에 미치지 못하며 결과물 또한 인간 번역에 비해 현저히 떨어진다는 부정적인 평가를 받았던 것이다.

결국 규칙 기반 기계 번역 연구는 상용화에 실패해 대중화되지는 못했고 1990년 후반 통계 기반 기계 번역이 부상함에 따라 주류의 자리에서 밀려나게 되었다. 지금은 대부분의 기계 번역이 신경망 기반 기계 번역으로 전환되었지만 규칙 기반 기계 번역은 의학·법률 분야의 규칙적 텍스트 번역에서 보완적으로 사용되거나 일부 연구와 실험용으로 활용되고 있을 뿐이다.

통계 기반 기계 번역

통계 기반 기계 번역은 1950년대부터 시도되었다. 이 기술은 컴퓨터가 이중 언어 병렬 말뭉치라고 하는 코퍼스(Corpus)를 학습해 통계학적으로 번역하는 기술이다. 코퍼스는 두 개 이상의 언어로 이루어진 대량의 텍스트 데이터를 의미하며(임형재 외, 2023) 이는 번역의 과정에서 발생 가능한 여러 상황에 대응할 수 있는 기반이 된다. 1988년 IBM은 통계 기반 기계 번역의 기초가 되는 여러 모델을 개발했는데 이는 빅데이터라고 하는 대량의 데이터의 확보를 통해 규칙을 만들고 그 규칙에 따라 번역을 하는 방식이다.

통계 기반 기계 번역은 규칙 기반 기계 번역 방식에 비해 주관적일 수 있는 인간 언어 능력에 대한 의존도를 낮추고 코퍼스에서 학습된 번역 지식을 기반으로 한다는 장점이 있다(황영숙, 2010). 코퍼스 구축은 다양한 매체를 통해 다국어로 이루어지며 기존의 규칙 기반 기계 번역에 비해 시간과 노력 면에서 효율적으로 서비스를 제공할 수 있다. 시스템이 자동으로 번역의 방식을 익히기 때문에 번역의 완성도에서도 훨씬 우수하다. 다만 데이터의 양이 번역의 질을 결정짓기 때문에 품질을 완전하게 확보하기 어렵다는 단점이 있다.

2000년대 접어들며 컴퓨터 기술이 발달함에 따라 통계 기반 기계 번역 또한 빠른 변화를 겪게 된다. 2006년 출시된 구글 번역은 이러한 통계 기반 기계 번역 방식을 채택하면서 주목을 받았고 상용 번역 시스템의 주류가 되었다. 이는 누적된 번역 텍스트를 토대로 해 번역의 품질을 차츰 개선했으며 기계 번역의 편리함을 전 세계에 알리게 되었다. 인공신경망 기계 번역이 도입되기 이전까지는 가장 널리 연구된 기계 번역의 방식이었지만 번역의 정확성 면에서는 불안정한 부분이 남아 있어 실용화되기에는 어려움이 있었다.

인공신경망 기계 번역과 대규모 언어 모델

현재 가장 널리 활용되는 AI 번역은 딥러닝을 활용한 인공신경망 기계 번역과 대규모 언어 모델(LLM, Large Language Models)로 구분할 수 있다.

인공신경망(ANN, Artificial Neural Network)은 인간의 뇌 구조를 본떠서 만든 컴퓨터 모델을 말하며 많은 데이터를 바탕으로 스스로 학습하고 패턴을 인식하는 기술을 말한다. 1943년 워런 맥컬록(Warren McCulloch)과 월터 피츠(Walter Pitts)가 제안한 모델로 뇌의 신경망을 수학적 알고리즘으로 표현한 것이다.

인공신경망은 여러 단계의 정보 처리 과정을 통해 입력된 데이터를 점차 분석하고 변형해 나가는 구조를 가지며 각 단계의 요소들은 입력 정보를 바탕으로 일정한 계산을 수행하고 그 결과를 다음 단계로 전달한다. 이러한 방식으로 신경망은 많은 예시를 반복적으로 학습하면서 데이터의 특징과 패턴을 스스로 찾아내고 문장 속 단어나 표현이 쓰인 문맥을 이해할 수 있게 된다. 인공신경망의 구축을 통해 인공지능의 수준이 매우 높아졌고 문자나 숫자뿐 아니라 이미지나 음성 등의 패턴도 신경망을 이용해 인식할 수 있게 되었다(박광현, 2022).

이러한 인공신경망을 기반으로 하는 기계 번역은 2003년 몬트리올 대학 연구팀과 요슈아 벤지오(Yoshua Bengio)의 제안으로 시작되었다. 인공신경망 기계 번역은 AI가 스스로 데이터 학습을 통해 문장 단위로 언어를 맥락에 따라 번역하는 기술로 사용자가 번역 엔진에 문장을 입력하면 이를 단어, 구문, 어순 등 정보가 담긴 벡터로 전환해 번역하는 기술이다. 따라서 번역 텍스트의 문맥을 파악하는 능력이 뛰어나 자연스럽고 정확한 번역이 가능하다.

인공신경망 기계 번역은 스스로 학습하는 딥러닝(Deep Learning)의 원리를 기반으로 하며 이는 인간의 뇌가 반복과 경험을 통해 복잡한 정보를 익히고 이해하듯 컴퓨터가 대량의 데이터를 바탕으로 언어의 구조와 의미·문맥 등을 스스로 학습하는 방식이다. 인공신경망 기계 번역의 과정에서 신경망은 단어 간의 관계뿐 아니라 문장 전체의 흐름과 맥락을 분석하고 예측하는 능력을 키우며 학습이 깊어질수록 더 자연스럽고 정확한 번역 결과를 만들어 낼 수 있다. 따라서 인공신경망 기계 번역의 성능은 학습 데이터의 양과 질에 크게 의존하게 되며 데이터가 다양할수록 더 세밀한 문맥 이해와 자연스러운 번역이 가능해진다. 바꾸어 말하면 만족도 높은 번역 결과물을 얻기 위해서는 번역 대상이 되는 두 언어 쌍의 데이터를 가능한 한 많이 확보하는 것이 중요하다는 것이다.

한편 대규모 언어 모델(LLM, Large Language Model)은 수백억 개 이상의 파라미터(Parameter)와 대규모 말뭉치를 기반으로 학습된 딥러닝 언어 모델로, 문장의 예측, 요약, 번역, 질문, 응답 등 다양한 언어 작업을 수행할 수 있는 범용 AI 모델을 지칭한다. 여기서 파라미터란 AI에서 모델이 학습을 통해 조절하는 값으로 쉽게 말하자면 입력 값이 원하는 아웃풋으로 변환될 수 있도록 조절되는 값을 말한다.

이러한 딥러닝 방식은 인간의 뇌 구조를 모방한 인공 신경망을 여러 층으로 쌓아 데이터를 스스로 학습하고 패턴을 찾아내는 AI 기술이다. 즉 딥러닝은 AI 두뇌의 뼈대와 신경망이라 할 수 있고 대규모 언어 모델은 그 뼈대를 활용해 언어를 배우고 말하는 언어 전문가 AI라고 할 수 있다. 주어진 단어나 문장의 정보를 바탕으로 다음에 올 단어나 문장의 확률을 예측할 수 있고 가장 적절한 출력 값을 결정하도록 학습된 언어 모델(LM, Language Model)이 확장된 형태로 매년 10배씩 늘어나는 성장세 속에서 기능 또한 지속적으로 발전하고 있다.

대규모 언어 모델은 인간의 실제 일상생활에서 사용하는 단어를 학습하고 전후의 문장을 같이 인식하면서 정확한 문장을 작성하는 것이 가능해졌기 때문에 보다 자연스러운 표현이 가능하다. 또 폭넓은 전문 용어에 대한 대응으로 종래의 번역기에서 보인 용어 사용의 부적

절성을 개선할 수 있다. 뿐만 아니라 자기 학습(Self-Learning) 기능이 탑재되어 있어 모든 번역 결과를 전용 데이터에 축적하고 지식 정보를 토대로 번역을 실시하므로 정확성의 부분에서도 기존의 한계를 넘어서고 있다.

대규모 언어 모델은 지금 이 순간에도 널리 가장 역동적으로 활용되는 AI 기술 중 하나다. 기존의 기계 번역이 단순한 문장 대치나 통계 기반 알고리즘에 의존했다면 이는 문맥의 이해, 문체의 유지, 화용적 의미의 파악 등 번역가에 가까운 수준의 결과를 생성할 수 있다.

이와 같이 AI 기반 기계 번역은 단순한 언어의 변환에 머무르지 않고 고도화된 언어 처리 기술로 발전하고 있다. 이는 기계 번역을 지식 유통과 언어 포용의 도구로 변화하고 있어 그 역할은 앞으로 더욱 확장될 것이다.

참고문헌

김은영(2021). "AI기계 번역을 활용한 외국어교육의 방향성: 포스트에디팅 수업 사례를 통해". 《언어학연구》, 26(1), 23~42쪽.

박광현(2022). "인공지능기술의 개관". 《인공지능기술 활용 언어교육: 기계 번역, 챗봇, 메타버스, 자연어처리, 음성처리》. 교육과학사.

박찬준 외(2020). “Coronavirus Disease-19(COVID-19)에 특화된 인공신경망 기계 번역기”. 《한국융합학회논문지》, 11(9), 7~13쪽.

임형재 외(2023). 《한국어 통번역사를 위한 AI 번역의 이해》. 소통.

황영숙(2010). “병렬말뭉치의 구축과 활용: 통계기반 기계 번역 기술의 소개 및 최신 연구동향 분석”. 《언어 사실과 관점》, 25, 89~114쪽.

02

일본의 온라인 AI 번역

AI를 활용한 번역 도구는 언어 간의 장벽을 허물고 글로벌 커뮤니케이션을 가능하게 하는 필수적인 도구로 자리 잡고 있다. 빠른 번역 속도와 비용 절감, 다양한 언어에 대한 지원으로 사용자 수는 꾸준히 증가하고 있으며 번역의 품질 또한 지속적으로 향상되고 있다. AI 기반 번역 도구의 시장 동향을 분석하고 대표적인 번역 플랫폼들의 특징과 활용 방법을 살펴본다.

AI와 MBTI?

AI 번역 도구의 특징과 활용

AI 기반 번역 도구는 글로벌 비즈니스와 커뮤니케이션에서 중요한 역할을 하고 있다. 자동화된 번역은 비용 절감과 시간 단축을 가능하게 하며 기존 기계 번역보다 오역을 줄이고 다양한 언어를 지원하는 장점이 있다. 그러나 각 플랫폼마다 정밀도와 지원 언어에 차이가 있어 최신 기술과 미래 가능성을 이해하고 최적의 도구를 선택하고 활용 방법을 고민하는 것이 중요하다. 이를 통해 AI 번역의 장점을 최대한 활용해 더욱 효과적인 의사소통을 이끌어 낼 수 있을 것이다.

생성형 AI 서비스 이용 동향에 따르면 2024년 말에는 이용자 수가 1924만 명에 달하고 2026년 말에는 3760만 명으로 증가할 것으로 예상된다. AI 기술의 진화와 편리성이 널리 인식되면서 비즈니스와 크리에이티브 분야에서 효율성을 높이고 개인 사용자에게도 새로운 가능성을 열어 주는 요소로 작용하고 있다는 점이 이용자 증가의 주요 원인으로 분석된다(ICT総研, 2024).

또한 2025년 웹사이트 트래픽을 바탕으로 한 AI 도구의 사용 현황에 따르면 1위는 캔바(Canva), 2위는 딥엘(DeepL), 3위는 챗지피티(ChatGPT), 4위는 퀼봇(QuillBot), 5위는 리무브(Remove.bg)가 차지하고 있다. 이 중 캔바는 온라인 디자인 플랫폼이고 퀼봇은 종합적인 글쓰기 보조 도구, 리무브는 이미지 배경 제거 도구로 각각 특화되어 있다. 따라서 현재 시점에서는 딥엘과 챗지피티가 가장 널리 사용되는 번역 플랫폼임을 알 수 있다.

한국과 일본에서 가장 많이 사용되는 AI 기반 번역 플랫폼의 종류와 그 특징을 살펴보면 다음과 같다.

구글(Google Translate)

2001년 구글은 기계 번역에 대한 내부 연구를 시작했으며 2006년 통계 기반 기계 번역 서비스를 처음으로 출시했다. 이 서비스는 기계 번역 기술의 대중화에 중요한 역할을 했고 이후 AI 기반 번역 기술 발전의 토대를 마련했다. 이후 구글은 2016년 인공신경망 기계 번역으로 업그레이드 하며 번역의 정확성과 자연스러움을 크게 향상시켰다.

2022년 최초로 발표된 대규모 언어 모델인 팜(PaLM, Pathways Language Model)은 100개 이상의 언어를 지원하며 산술적인 추론, 농담의 해석, 유사어 찾기, 역설적 표현 설명 등 언어의 미묘한 뉘앙스를 이해하고 생성할 수 있는 능력까지 갖추었다. 텍스트는 물론 이미지와 음성까지 실시간으로 번역할 수 있는 고도화된 기능을 탑재하는 등 글로벌 커뮤니케이션을 위한 대표적인 AI 기반 번역 도구로서 확고한 위상을 지니게 되었다. 2023년 공개된 구글 제미나이(Google Gemini)는 텍스트, 이미지, 오디오, 비디오 등 다양한 데이터를 함께 고려하고 서로의 관계성을 학습 처리하는 멀티모달 모델(Multimodal Model) 방식의 대규모 언어 모델이다. 마찬가지로 구글에서 개발한 AI 언어 모델인 람다(LaMDA)와 팜투(PaLM2)를 계승하며 제미나이 울트라(Gemini Ultra), 제미나이 프로(Gemini Pro), 제미나이 나노(Gemini Nano) 등 다양한 버전으로 구성되어 있다. 이는 음성 인식이나 텍스트 변환이 자유로워 여행이나 국제 비즈니스 상황과 같은 실시간 현장에서 매우 유용하게 활용된다.

딥엘(DeepL)

2009년에 설립된 독일의 딥엘(DeepL GmbH)에서 개발한 AI 기반 번역 서비스다. 초기에는 링귀(Linguee)라는 번역 사전 서비스를 제공하던 회사였지만 신경망 기계 번역 기술을 채택해 혁신적인 번역 서비스를 제공하게 되었다. 전체 문장을 병렬 처리해 동시에 처리하는 딥러닝 방식인 트랜스포머 아키텍처(Transformer Architecture)로 맥락을 파악하기 때문에 자연스러운 문장 구조와 의미의 흐름을 유지한다.

웹 기반의 무료 버전 딥엘과 더 많은 기능과 보안성을 제공하는 딥엘 프로(DeepL Pro) 그리고 기업이나 개발자가 시스템에 통합할 수 있는 딥엘 API(Application Programming Interface)를 포함한 다양한 형태로 제공된다. 또한 Windows, MacOS, iOS, Android 등 다양한 플랫폼에서도 제공되며 MS 워드와 파워포인트 파일을 서식 그대로 번역하는 기능도 갖추고 있어 실무에도 적합하다.

딥엘은 인간에 가까운 자연스러운 번역을 제시하며 문법적 정확성뿐 아니라 문맥을 고려한 의역 능력이 뛰어나 일본어처럼 표현이 복잡한 언어에서도 우수한 성능을 보인다. 프로 버전의 경우 번역 내용이 서버에 저장되지 않기 때문에 기업이나 기관이 민감한 정보를 안전하게 번역하는 데도 적합하다. 다만, 일부 전문 용어를 인식하지 못하는 면이 있고 번역 언어의 수가 구글보다는 적은 편이라 문어체에 더 최적화되어 있다는 한계도 있다. 그럼에도 불구하고 딥엘은 번역의 높은 정확도, 보안성, 편리한 문서 지원 기능 등으로 세계적으로 많은 기업과 전문가에게 신뢰받는 번역 도구로 자리 잡았다.

이와 같은 이유로 2024년 언어 번역 서비스 회사들을 대상으로 한 조사에서 82%의 사용률을 기록한 바 있다. 31개국의 언어를 지원하며 특히 유럽 언어 간의 번역에서 높은 정확도를 보이며 문맥을 잘 이해하고 번역의 자연스러움에서 두각을 나타내는 특징이 있다. 일본에서 두 번째로 큰 시장을 보유하고 있으며 일본의 다국적 기업들이 글로벌 커뮤니케이션 전략에 AI 언어 모델을 통합할 계획이 2024년까지 85%에 달할 것으로 예상된다 (DeepL Team, 2024).

마이크로소프트(Microsoft Translator)

마이크로소프트 번역은 높은 번역 성능과 사용 편의성을 갖춘 애플리케이션으로 100개 이상의 언어를 지원한다. 실시간 음성 번역 기능을 통해 회의나 대화 중에도 원활한 의사소통이 가능하며 다양한 언어와 플랫폼에 호환되어 모바일 앱은 물론 마이크로소프트 오피스 제품군과의 통합을 통해 기업 실무에서도 폭넓게 활용된다. 또한 그룹이나 팀 단위로 번역 작업을 공유할 수 있는 협업 기능이 탑재되어 있어 비즈니스 회의 문서 번역, 실시간 대화 번역 등 다양한 상황에서 유용하게 사용된다.

2025년을 기준으로 일본 내 138개의 웹사이트에서 마이크로소프트 번역기를 통합해 사용하고 있으며 이는 미국과 독일, 중국에 이어 네 번째로 많은 수치다 (Webtechsurvey.com, 2025).

미라이(Mirai Translator)

2014년 일본 통신사인 NTT 도코모는 자회사인 미라이 번역을 설립했다. 여기에서는 AI 기반 번역 기술의 상용화를 위해 다양한 언어 번역 솔루션을 제공하고 있으며 일본어와 다른 언어 간의 번역을 제공한다. 강력한 보안 수준을 구축해 금융, 의료, 정부 기관 등 민감한 문서의 처리에 적합한 플랫폼이라는 것이 특징이다.

그뿐만 아니라 도코모의 AI 연구소와 기술적 인프라를 활용해 딥러닝 기반의 번역 시스템을 구축하고 있으며 주로 산업 부문에서의 전문적인 번역에 강점을 보인다. 또한 도코모의 클라우드 서비스와 결합되어 빠르고 효율적인 번역 서비스가 가능하며 기업들이 자신들의 시스템에 미라이 번역 API를 통합해 실시간 번역을 구현하거나 대량의 문서를 자동으로 번역할 수 있게 돕는다.

도코모는 AI와 5G 네트워크와 같은 혁신적인 기술들을 활용해 미라이 번역의 품질을 지속적으로 향상시키고 있으며 5G 기술을 활용한 실시간 번역 서비스나 고속 네트워크를 통한 데이터 처리를 지원한다. 결국 미라이 번역은 도코모의 AI와 네트워크 기술을 기반으로 해 효율적이고 정확한 번역 솔루션을 제공하며 기업과 정부 기관 그리고 다양한 산업 분야에서 글로벌 커뮤니케이션을 원활하게 지원하는 역할을 한다.

챗지피티(ChatGPT)

대규모 언어 모델(LLM)을 기반으로 하는 챗지피티, 클라우드(Claude), 팜(PaLM), 고퍼(Gopher), 메가트론(Megatron) 등은 문맥을 이해하는 능력에서 탁월한 성능을 발휘하며 단순한 번역을 넘어 창의적인 문장의 전환까지도 구현한다. 이러한 특성 때문에 전문직 종사자나 연구자, 번역가들 사이에서 중요한 보조 도구로 자리잡고 있다. 또한 번역뿐만 아니라 기술 문서 작성이나 학술 연구, 고객 응대 등 다양한 분야에서 더욱 효율적이고 정확한 작업을 수행할 수 있으며 언어적 뉘앙스와 문화적 차이를 반영한 맞춤형 결과를 얻을 수 있다.

특히 챗지피티는 문맥을 고려한 번역이 가능해 기존의 기계 번역보다 자연스럽고 읽기 쉬운 번역을 제공하며 목적에 따라 문체를 조정하거나 단어의 쓰임을 조절하는 등 사용자의 의도에 맞춘 맞춤형 번역을 구현할 수 있다는 점이 특징이다.

오픈AI(OpenAI)는 GPT-4.5의 연구 미리보기(Research Preview) 공개에서 이전보다 더욱 폭넓은 지식을 기반으로 사용자의 사용 의도를 파악하는 능력을 향상시키고 감성 지능(EQ)을 개선해 글쓰기, 프로그래밍, 실제 문제 해결 능력 등 다양한 작업에서 유용하게 활용될 수 있다고 밝혔다. 이를 통해 사용자는 보다 정확하고 자연스러운 피드백을 받으며 복잡한 문제를 해결하는 데 있어 실용적이고 직관적인 결과를 얻을 수 있다.

현재 대부분의 기계 번역은 인공신경망 기계 번역 기술로 모두 전환되었다. 이들 기술의 특징으로는 번역의 단위가 단어나 구에 국한되지 않고 문장 단위까지 넓혀져 정확하고 자연스럽다는 점과 데이터를 스스로 반복해 새로운 정보를 얻기 때문에 문장 전체의 맥락을 파악하거나 문맥을 수정한다는 점 그리고 제로샷 번역(Zeroshot Translation) 기술을 통해 직접적인 훈련 데이터가 없는 언어들 간의 다중 언어 번역이 가능하다는 것이다(한지은, 2020).

참고문헌

한지은(2022). 〈기술형 영어교육에 대한 중등 영어교사의 인식 연구: 신경망 번역기를 중심으로〉. 연세대학교.

DeepL Team(2024). Eliminating language barriers for companies with global ambitions: the story of DeepL's spectacular growth in Japan. https://www.deepl.com/en/blog/deepl-growth-japan

ICT総研(2024). 2024年度 生成AIサービス利用動向に関する調査. https://ictr.co.jp/report/20240830.html/

webtechsurvey.com(2025). Microsoft Translator. https://webtechsurvey.com/technology/microsoft-translator

03
일본 문학과 AI의 활용

21세기 디지털 전환 시대를 맞이하며 AI는 문학 연구의 외부적 도구가 아닌 내부적 구성 요소로 자리 잡기 시작했다. 일본에서는 AI 기술이 문학의 다양한 영역인 작품 창작, 번역, 분석, 아카이빙에 적극적으로 도입되며 학술 연구뿐 아니라 대중문학의 생산 방식에도 변화를 가져오고 있다. 일본 문학 연구와 실천에서 AI가 어떻게 활용되고 있는지를 중심으로 다양한 측면에서 실례를 검토하고자 한다.

AI와 난임 극복?

AI의 창작 도구화

전통적인 문학 연구 방법과 현대의 기술 발전이 만나면서 연구자들이 새로운 연구 방법론의 필요성을 주장하는 것이 오늘날 문학 연구의 동향(박주택, 2023)이며 이러한 흐름은 창작의 현장에서도 뚜렷하게 나타난다.

《도쿄도동정탑(東京都同情塔)》(2024)으로 제170회 아쿠타가와상(芥川龍之介賞)을 수상한 소설가 구단 리에(九段理江)는 소설의 5%를 생성형 AI로 썼다고 밝혀 주목을 받았다. 그는 이어서 2025년 3월 한 잡지사의 주관으로 AI 활용 창작 실험에 참여해 95%를 생성형 AI에 의존한 단편 소설 〈그림자 비(影の雨)〉를 발표했는데 소설의 시작과 끝부분은 직접 집필해 방향성을 설정했고 나머지 95%는 챗지피티를 통해 작성한 것으로 알려졌다. 약 4천 자 분량의 소설을 위해 20만 자에 달하는 프롬프트를 입력했으며 작품과 함께 프롬프트 전체를 공개해 AI와 작가 간의 창작 대화와 아이디어의 구성이 어떤 방식으로 이루어졌는지를 보여 주었다(하쿠호도, 2025).

이러한 실험은 여러 측면에서 시사점을 제공한다. 우선 인간과 AI의 협업 가능성을 구체적으로 보여 준다는 점이다. AI가 단순히 인간의 작업 활동을 보조하고 돕는 역할에서 벗어나 능동적으로 인간의 상상력을 확장하고 창작의 영역을 넓히는 파트너로 기능할 수 있음을 시사한다.

아울러 문학 창작 과정에 대한 인식의 변화도 불러일으킨다. 작가가 스스로 AI를 통한 창작을 고백했음에도 이 작품이 아쿠타가와상이라는 전통적인 문학상을 수상한 것은 AI가 창작의 동반자이자 협업에 의한 창작이라는 것을 그대로 수용했기 때문이다. AI 기술을 활용한 창작자가 문학상을 받는 일은 AI와 문학 창작의 관계에 대한 중요한 논의의 출발점을 제공하며, 이는 비단 문학만이 아니라 예술 전반에 있어 기술과 창의성의 융합에 대해 새로운 시각을 제시하는 것과 같다.

이처럼 생성형 AI를 활용한 문학 창작은 단순한 도구적 활용을 넘어 창작 행위 그 자체에 대한 질문을 던지고 있다. '누가 창작자인가', '창의성은 인간만의 고유한 능력인가', '작품의 주체성은 어디에 있는가'와 같은 근본적인 문제들이 AI 창작의 확산 속에서 새롭게 논의되고 있는 것은 결국 AI와의 협업이 인간 중심의 예술 개념을 전환시키는 계기가 되며 문학과 예술의 미래를 상상하고 재정의할 수 있는 중요한 전환점으로 작용하고 있음을 단적으로 보여 주는 것이라 하겠다.

AI와 문학 연구의 지형 변화

AI의 발전은 일본 문학의 연구에 있어서도 새로운 접근 방식을 제시하는 중요한 전환점을 맞이하고 있다. 과거에는 문학 작품의 분석이나 해석이 주로 텍스트의 세밀한 읽기와 주관적 해석에 의존했지만 이제는 AI 기술을 통해 다양한 방법으로 일본 문학을 탐구할 수 있게 되었다.

AI는 방대한 데이터를 빠르게 처리하고 그 안에서 패턴을 발견해 문학적 흐름이나 작가의 특성 · 특정 주제나 표현 방식의 변화를 추적하는 데 큰 역할을 한다. 이를 통해 연구자들은 더 많은 작품을 더 빠르고 정확하게 분석할 수 있으며 기존의 문학 연구 방법과는 다른 연구 가능성을 열어 가고 있다.

일본 디지털 인문학 협회(JADH, The Japanese Association for Digital Humanities)는 2024년과 2025년, AI와 인문학의 경계 허물기를 주제로 한 컨퍼런스를 열었다. 2024년 9월 도쿄대학교에서 개최된 제13회 연례 컨퍼런스에서는 '지속 가능한 인프라를 위한 AI와 디지털 인문학의 활용'이라는 주제를 통해 다양한 분야에서의 사례와 연구를 발표했으며 2025년 9월에는 '경계를 넘어서 : 인문학과 정보학의 경계 재정립'이라는 주제를 통해 AI, 데이터 마이닝, 정보 설계와 모델링, 소프트웨어 연구, 인문학 연구 등 디지털 인문학 분야와 관련된 학제 간의 협력과 발전을 위한 다양한 의견을 나눌 것으로 예상된다. 이러한 움직임은 문학 연구가 더 이상 인문학 내부의 전통적인 방법론에 머무르지 않고 기술과 협업하며 새로운 방향을 모색하고 있음을 보여 준다.

한편 AI 기반 디지털 아카이브의 대표적인 사례로는 2024년 3월 국제일본문화연구센터(国際日本文化研究センター)가 구축한 디지털 아카이브인 〈니치분켄 디지털 아카이브(日文研デジタルアーカイブ)〉를 들 수 있다. 이 아카이브는 민속 자료나 고문헌의 이미지 등 방대한 문화 자료를 IIIF(International Image Interoperability Framework) 기반으로 체계화하고 있으며 최근에는 인공지능 기술을 접목함으로써 활용성과 연구 가치를 더욱 확장하고 있다.

이를 통해 1700건이 넘는 고해상도의 이미지 자료를 누구나 자유롭게 열람할 수 있고, 텍스트 임베딩(Text Embedding) 기법을 활용해 35000건 이상의 민담을 요약한 데이터와 기계 학습 기술을 적용해 유사 사례를 검색할 수 있는 시스템이 구현되었다. 또한 딥러닝 기술을 활용해 이미지 속 문자를 디지털 텍스트로 변환하는 광학 문자 인식(OCR, Optical Character Recognition)의 구현과 자동 현대어 번역 실험 그리고 AI 기반 주제 분류와 시각화 기능 등 단순한 데이터 축적을 넘어 해석 중심의 연구형 아카이브로 진화하고 있다는 평가를 받고 있다(야마다 쇼지, 2025).

현재 기술 수준으로는 번역의 정확성에 다소 한계가 있지만 전체적인 의미를 전달하는 용도로는 충분히 활용 가능하고 생성형 AI 기술이 빠르게 발전하고 있어 향후 번역 품질의 향상 또한 크게 기대해 볼 수 있다. 나아가 디지털 인문학의 한 축으로서 AI가 문헌 연구와 문화유산 접근 방식 전반을 재구성하고 있어 그 향방이 기대되고 있다.

참고문헌

박주택 외(2023). 《인공지능과 문학의 미래》. 경희대학교 출판문화원.

야마다 쇼지(2024). Release of Nichibunken Digital Archive and Advanced Use of Databases using AI Technology. https://www.eajrs.net/release-nichibunken-digital-archive-and-advanced-use-databases-using-ai-technology-2024

하쿠호도(2025). 4,000字の小説に20万字のプロンプト。九段理江がAIとの共

作で感じた葛藤とは｜95%をAIで書いた短編小説《影の雨》の舞台裏. https://www.hakuhodo.co.jp/magazine/116524/

04
일본 문학 번역의 흐름

AI 시대 이전의 번역은 원문에 담긴 문화적 함의를 최대한 충실하게 재현하려는 창조적 해석의 과정이었다. 이 시기의 번역가는 언어 전달자가 아닌 문학적 감수성과 깊은 이해를 바탕으로 원작과 독자 사이를 잇는 해석자이자 문화의 중개자로서 중요한 역할을 수행했다. 일본 문학 번역의 과거와 현재를 비교하며 시대에 따라 변화해 온 번역가의 정체성과 역할에 주목한다. 아울러 AI 기술이 번역의 실천과 인식을 어떻게 변화시키고 있는지 함께 고찰함으로써 일본 문학 번역의 현재적 의미를 성찰하고자 한다.

AI와 사주?

번역가의 시대

1945년 해방 이후부터 1960년까지 한국에서 일본 문학과 일본 문화는 사회적으로 비난의 대상이 되며 금기시되었다. 이는 식민 지배에 대한 깊은 반감과 민족주의적 정서가 사회 전반에 확산되어 있었기 때문이며 정부 차원에서도 강력한 반일 정책을 시행해 일본 문화의 유입을 철저히 제한했기 때문이다.

그러나 1960년 4 · 19 이후 사회 전반에 걸쳐 문화적 개방이 확대되면서 일본 문학뿐만 아니라 서양 서적들에 대한 번역 또한 활발해졌다. 1950년대에 128편이었던 영국 서적은 246편으로 거의 두 배 가까이 증가했으며 미국 또한 192편에서 332편, 독일은 89편에서 183편으로 늘어나는 등(김병철, 1998) 1960년대는 외국 번역서가 양적으로 급증하고 장르적으로도 다양화되며 본격적인 수용의 시대가 열리던 시기였다.

일본 문학의 경우 《일본문학선집》(청운사, 1960)을 일본 문학 번역의 본격적인 시작으로 볼 수 있고 《전후일본신인수상작품선》(융문사, 1960), 《전후일본문학선집》(과학사, 1960), 《일본걸작단편선집》(문흥사, 1960), 《일본대표작가백인집》(희망출판사, 1966) 등 이 시기에 다양한 일본 문학 전집과 선집의 발간 붐이 일었다(최재철, 2005). 특히 1965년 한일국교정상화를 시점으로 일본 문학이 대량으로 번역되기 시작했는데(이한정, 2016) 이러한 번역물들은 일본의 근현대 문학뿐만 아니라 일본 문화와 사회에 대한 이해를 돕는 중요한 창구 역할을 했다.

1950년대에 7편뿐이었던 일본 문학 번역물은 1960년대에 접어들어 353편으로 급증했으며 1970년대부터 1990년대까지 번역된 작품의 수는 10년 단위로 약 2배씩 증가하는 추세를 보였다(윤상인 외, 2010). 이는 일제강점기 문학에 대한 열망과 해방 후 세대의 호기심의 교차에 그 본질적인 원인이 있었고 출판업계의 상업적 전략이 그것을 더욱 부채질한 것이라고 분석된다(강우원용, 2013).

번역물의 주요 작가로는 다자이 오사무(太宰治), 다니자키 준이치로(谷崎潤一郎), 아쿠타가와 류노스케(芥川龍之介)등 근대를 대표하는 작가들의 작품이 중심이 되었고 1968년 가와바타 야스나리(川端康成)의 노벨문학상 수상 이후에는 그의 작품이 약 30편 가까이 번역되기도 한다. 노벨문학상 수상은 일본 문학에 대한 인식을 전환시키는 중요한 계기가 되었는데 이를 계기로 그간 우리 사회에 자리 잡고 있던 일본 문학에 대한 부정적 인식은 점차 완화되기 시작했다.

일본은 더 이상 제국주의의 기억만으로 규정되는 타자가 아니라 섬세한 감수성과 깊은 인간 이해를 담은 문학을 생산하는 문화적 주체로 새롭게 조명되었으며 가와바타 야스나리를 비롯한 일본 작가들의 작품은 문학성과 보편성을 갖춘 세계 문학으로서의 가치를 인정받기 시작했다. 이러한 변화는 우리에게 일본 문학의 수용을 보다 자유롭고 열린 시각에서 가능하게 만들었고 이후 번역되는 작품들의 스펙트럼을 한층 다양화하는 계기가 되었다.

그렇다면 이 시기 작품들을 번역했던 번역가들은 어떤 사람들이었을까. 1960년대 번역가들은 주로 일본어로 교육을 받아 모국어처럼 일본어를 구사할 수 있는 지식인들로, 전문적인 번역가라기보다는 기성 작가거나 신인 작가들로 구성된 문인들이 대부분이었다. 이들은 학문적 성취보다는 개인의 관심에 의한 문학 소개라는 관점에서 일본 문학을 번역했다.

《일본문학선집》에는 시인이자 문학평론가인 김용제가 2편의 소설을 번역했고, 소설가 홍성유, 아동문학가 이원수, 방춘해라는 필명을 사용했던 소설가 방인근과 소설가 정을병 등이 번역자로 이름을 올리고 있다. 이러한 문인 출신의 번역가들의 활동은 한국 독자에게 일본 문학을 통해 타문화의 정서를 체험하게 하는 역할을 수행했다. 전문 번역 교육을 받은 전문가가 아닌 경우가 많았지만 작품 선정부터 문체의 조율이나 표현의 선택에 이르기까지 번역 전반에 깊은 문학적 감수성과 주체적 해석을 담아냈다. 결과적으로 1960~1970년대의 일본 문학 번역은 '수입 문학'의 차원을 넘어 당대 한국 문학의 감수성과 인식 지형을 풍요롭게 하는 데 기여한 문화적 자산이 되었다.

그러나 점차 일본 문학 번역은 출판 시장의 요구와 독자 취향에 따라 보다 대중적인 서사와 감정 중심의 문학으로 옮겨 가게 되며 번역가의 역할 또한 전문성과 상업성 사이에서 새로운 정체성을 요구받기 시작한다. 이러한 변화는 일본 문학 번역의 성격을 시장 지향적 콘텐츠 생산으로 이동시키는 계기가 되었다.

1980년대 이후에는 출판사 중심의 기획 번역이 늘어났고 문학 전문 번역가들이 등장하면서 번역의 전문성도 점차 강화되었다. 동시에 번역가는 문화 중개자라기보다는 효율적인 콘텐츠 생산자 또는 언어 전문가로서의 역할을 부여받게 되었고, 이는 번역의 깊이보다는 속도와 소비 가능성이 우선되는 경향으로 이어지기도 했다. 그럼에도 불구하고 문인 번역가들이 구축한 문학 번역의 토대는 여전히 중요한 문화 자산으로 남아 있으며 오늘날 번역가와 번역의 역할을 재고하는 데에도 시사점을 제공하고 있다.

일본 문학 번역의 전환

1980년대 후반 무라카미 하루키(村上春樹)의 등장은 기존 일본 문학이 갖고 있던 무겁고 사변적인 분위기에서 벗어나 경쾌하고 감각적인 문체, 팝 문화와 일상의 혼합 등을 통해 젊은 세대에게 친숙한 일본 문학의 이미지를 형성했다. 《상실의 시대》(원제 : 《ノルウェイの森(노르웨이의 숲)》, 1987)는 출간된 지 몇 년 되지 않아 30만 부가 넘게 팔리면서 한국의 독서 시장을 뒤흔들었다. 《상실의 시대》가 수백만 부 팔려 나가고 '하루키 현상'이라는 말까지 낳았던 일본의 상황이 1990년대 한국에서도 그대로 재연되었고(김영찬, 2018) 이를 계기로 일본 문학은 특정 지식층의 전유물에서 벗어나 대중적인 읽을거리로 확산되었다.

1990년대 일본 문화가 개방되면서는 일본 소설이나 만화, 드라마, 영화의 유입이 급증함에 따라 미디어 시장에서는 일본 문화를 전문으로 번역하는 번역가들이 본격적인 활동을 시작하게 된다. 이 시대에 활약한 번역가들은 대체로 1980년대부터 일본에서 유학하고 돌아온 젊은 번역가들로(윤상인 외, 2010), 이들은 일본어에 능통할 뿐 아니라 일본의 현대 문학의 흐름과 문화적 맥락에 익숙하다는 장점으로 원작의 분위기와 정서를 섬세하게 살려 내는 번역을 통해 국내 독자들에게 일본 문학의 감수성을 효과적으로 전달했다.

일본 문학의 번역이 본격적으로 이루어지면서 다양한 장르와 작가들이 소개되었다. 이는 한국 독자들에게 일본의 사회적 · 문화적 배경을 이해할 수 있는 기회를 제공했고 일본에 대한 관심을 촉발했다. 1994년 오에 겐자부로(大江健三郎)의 노벨 문학상 수상 이후 일본 문학에 대한 재조명과 균형 잡힌 일본 문학 수용, 일본 바로 알기의 필요성이 대두되었고(이행선, 2021), 야스나리나 류노스케로 대표되는 일본 순수문학이나 하루키, 요시모토 바나나(吉本ばなな) 등 대중 작가의 작품들이 번역되어 널리 읽히기 시작했다. 이들의 문학은 1990년대 일본 문학의 유행 속에서 일본 사회의 정서와 문화를 전달하는 데 기여했으며 소설에서 시작된 일본 문학에 대한 관심은 시, 에세이, 문학 이론, 사회 과학 서적 등 다양한 분야로 확장되었다.

1960년대 활동했던 번역가들이 식민지 시대의 일본어 교육을 받은 세대로 높은 일본어 구사력과 생활 언어로서의 감각을 지녀 직관적이고 자유로운 번역을 추구했다면, 1980년대 이후의 번역가들은 일본어를 외국어로 학습한 세대로 일본어의 문학적 표현보다는 충실한 번역을 토대로 원작의 분위기를 한국어로 섬세하게 옮기는 데 주력했다. 또한 전자가 당시의 사회 분위기 속에서 직역보다는 의역과 독자 친화적인 번역을 감안하며 독자의 이해와 수용을 중시했다면 후자는 작가의 정체성을 존중하고 그들의 문학성, 정서, 문체를 옮기는 것에 치중하는 등 정밀한 해석자로서의 역할에 집중했다.

2000년대 이후 에쿠니 가오리(江國香織), 쓰지 히토나리(辻仁成), 가타야마 교이치(片山恭一), 미야베 미유키(宮部みゆき), 이사카 고타로(伊坂幸太郎), 온다 리쿠(恩田陸), 이시다 이라(石田衣良), 야마모토 후미오(山本文緒), 요시다 슈이치(吉田修一), 가네시로 가즈키(金城一紀), 와타야 리사(綿矢りさ) 등 일일이 열거할 수 없을 정도로 많은 작가의 작품이 대거 번역되는 일본 문학의 르네상스가 도래했으며(최성실, 2007), 이러한 분위기에서 전문 번역가들은 고유한 번역 세계를 구축해 나갔다. 이들은 작가의 문체와 정서를 이해하고 이를 한국어

의 미학으로 재창조하는 역할을 수행하며 AI 번역이나 비전문적 번역이 넘볼 수 없는 고유한 가치를 확보했다.

참고문헌

강우원용(2013). “1960년대 초기 베스트셀러를 통해 본 일본소설 번역물과 한국 독자: 하라다 야쓰코, 이시자카 요지로, 박경리를 중심으로”. 《일본학보》, 97(97), 107~123쪽.

김병철(1998). 《한국현대번역문학사연구(상/하)》. 을유문화사.

김영찬(2018). “무라카미 하루키, 사라지는 매개자와 1990년대 한국문학”. 《한국학논집》, 72(72), 7~30쪽.

윤상인 외(2010). 《일본문학 번역 60년 현황과 분석: 1945-2005》. 소명출판.

이한정(2016). 《일본문학의 수용과 번역》. 소명출판.

이행선(2021). “오에 겐자부로(大江健三郎)의 번역 수용과 전후문학(자)의 월경-1990년대 일본문학 붐, 한·일 시민연대”. 《현대소설연구》, 82, 443~485쪽.

최성실(2007). “일본문학의 한국적 수용과 특징: 무라카미 하루키 소설과 ‘문화’ 번역”. 《아시아문화연구》, 13, 71~89쪽.

최재철(2005). “한국의 일본문학 연구–동향과 전망”. 《연구와 비평》, 4, 123~134쪽.

05
일본 문학 번역의 특성

AI 번역 기술이 빠르게 발전하고 있지만 문학 번역은 여전히 인간의 섬세한 감각과 해석을 요구한다. 언어 너머의 정서와 맥락 그리고 문화적 분위기를 전달하는 일은 기계가 쉽게 대체할 수 없는 영역이며 일본 문학 번역은 바로 그 한계를 잘 보여 주는 사례다. 최근 일본어와 같이 문법 구조가 복잡하고 높은 문맥 의존성을 가진 언어에서조차 AI가 제공하는 번역의 정확도와 속도는 놀라울 정도로 향상되었다. 일본에서의 AI 번역에 대한 현황과 그 가능성에 대해 살펴본다.

AI와 아이돌?

문학 번역의 의의

시대의 급격한 변화 속에서 번역이 얼마나 결정적인 역할을 수행했는지는 일본의 성공적인 근대화 과정에서 번역이 담당했던 역할을 통해 알 수 있다(김춘미, 2008). 19세기 말부터 20세기 초까지 일본은 서구 열강의 영향을 받아 급격한 근대화를 진행했고 이 과정에서 번역은 언어의 전환을 넘어 사상과 체제를 내재화하는 수단으로 기능했다. 서양의 과학·기술·정치 체제를 받아들이기 위해 많은 서적을 번역했고 이를 통해 서구의 지식과 사상을 일본 사회에 효과적으로 도입했다. 특히 메이지 유신을 기점으로 서양의 철학·경제학·법률 등 다양한 분야의 문헌 번역에 몰두했으며 이는 일본 근대화의 기반을 다지는 데 중요한 기초를 마련했다.

이와 같은 맥락에서 문학 번역 또한 단순한 외국 문학의 수입이 아니라 타문화의 감정과 사고를 자국어의 문화적 맥락 속에서 재구성하는 창조적 작업으로 이해되어야 한다. 문학 번역의 의의는 문화적 체험의 결합과 양국 문화의 융합을 통해 독자의 내적 세계가 더 새로워지고 넓어지게 한다는 데 있다(김춘미, 2008).

문학 번역의 핵심은 단지 언어를 옮기는 것이 아니라 언어 안에 담긴 주관적 감정과 세계관을 새로운 언어 체계 속에서 객관화하는 과정에 있다. 번역이란 이러한 과정을 한 사람이 의미를 담아서 내는 소리를 듣고 다른 사람이 똑같은—적어도 똑같게 여겨지는—소리로 다시 그 의미를 표현할 때 비로소 내용과 소리가 결합한 객관적인 기호가 되고 랑그가 형성된다(신형욱, 2018). 이는 언어의 본질에 기반해 재매개하는 창의적 언어 활동의 과정이기도 하다. 따라서 번역은 주관성과 객관성이 합치되는 과정에서 발생하는 세계 이해와 표현의 끝없는 창의적 정신 활동이며(신형욱, 2018), 번역가는 주관성과 객관성 사이를 오가며 의미의 교차점을 창출하는 해석자이자 중개자라 할 수 있다. 이들은 언어와 문화가 세계로 이어지는 다리를 놓고 타자와의 소통을 가능하게 하며 문학의 본질인 이해와 공감의 확장을 실현한다.

무엇보다 문학 번역은 언어 간의 충돌과 조율을 포함하는 복합적 작업으로 단순한 외국어 능력만으로는 수행하기 어렵다. 문화적 배경과 정서·관용 표현에 대한 깊은 이해와 해석력 그리고 문학적 감수성과 창의성이 번역의 질을 좌우하는 핵심 역량이다. 풍자나 은유와 같은 문학적 장치의 번역은 해석자의 감각과 언어적 직관이 그대로 드러나는 영역이며 번역가는 이 과정을 통해 문학 창작의 협력자로 기능하게 된다.

결국 문학 번역은 언어의 한계를 넘어 타자를 이해하고 세계를 확장하며 자문화와 타문화의 상호작용을 매개하는 역동적인 실천이다. 문학 번역은 '텍스트의 이식'이 아닌 '문화의 재창조'라는 점에서 더욱 중요한 의미를 지닌다.

일본어 번역의 난제

일본 문학을 번역할 때 직면하게 되는 여러 문제에 대해 살펴보면 다음과 같다.

먼저 일본어라는 언어의 특성에서 기인하는 문제들이다. 일본어는 주어가 생략되거나 주어와 서술어의 관계가 모호한 문장 구조를 자주 포함하고 있다. 'A는 B이다(AはBだ)'라는 표현에서 주어처럼 보이는 A가 실제로는 논리적인 주어가 아닐 수 있으며, 'A는 B가 C이다(AはBがCだ)'와 같은 이중 주어 구문은 문장의 주체가 복수로 얽히며 의미를 파악하기 어렵게 만든다.

예를 들면 요리를 결정하는 상황에서 '저는 카레입니다(僕はカレーです)'라고 하는 문장은 '저=카레'가 아니라 '저는 카레를 선택하겠습니다'라는 의미다. 이러한 구조는 화자의 의도나 문맥적 암시, 문화적 배경에 대한 충분한 이해가 없이는 정확한 해석이 불가능하다. 두 언어

를 사용하는 이상 외국어를 번역하기 위해서는 모국어와 외국어의 언어적 특성을 비교하고 이해하는 작업이 선행될 때 비로소 올바른 번역이 가능하다(히라코 요시오, 2007).

2017년 2월 국제통역번역협회와 세종대학교 · 세종사이버대학교의 공동 주최로 열린 AI 기계 번역과 인간 번역의 대결에서 번역 속도는 AI가 인간을 압도했으나 정확성과 언어 표현력, 논리 타당성 등 3개 항목에서는 월등한 점수 차이로 인간이 압승했다. 이에 대해 '번역기는 단어의 다의적 성격과 맥락을 파악하지 않은 단순 번역을 해 아직 인간을 따라올 수 없었다'고 평가받았으며(매일경제, 2017), 이를 통해 문학 번역과 같은 창조적 재해석이 필요한 분야에서는 아직까지도 인간 번역가의 역할을 대체할 수 없다는 사실을 확인할 수 있다.

다음으로는 문학이라는 장르의 특수성에서 오는 문제가 있다. 문학 번역은 섬세하고 복합적인 작업이다. 문학 작품은 정보 전달을 위한 언어가 아니라 정서, 서사적 맥락, 미의식, 문체적 리듬 등을 포함한 언어 예술로 이루어져 있기 때문에 단어 하나, 문장 구조 하나가 주는 분위기 등 작품의 딕션(Diction)이 매우 중요하다. 비유적인 표현이나 풍자, 상징 등은 문자 그대로 옮겨서는 의

미가 제대로 전달되지 않으며 원작의 품격을 어떻게 한국어로 재창조할 것인가 하는 문제는 번역가의 해석과 표현력에 달려 있다. 독자의 감성을 움직이는 문학의 힘과 번역 역시 창조적 해석 행위로 접근해야 하는 것이다.

그렇다 하더라도 시대적 언어 차이와 문체의 문제는 일본 문학 번역에서 중요한 장애 요인 중 하나다. 근대 문학의 경우 메이지(明治), 다이쇼(大正), 쇼와(昭和)등 각 시대의 문체가 다르고 문어체와 구어체가 혼재되어 있어 현대 한국어로 옮길 때 적절한 언어적 대응이 쉽지 않다. 당시의 사회적 · 문화적 배경이 자연스럽게 언어에 스며들어 있기 때문에 맥락(Context) 각각이 담고 있는 시대성과 계층성 그리고 가치관의 반영을 고려해야 한다. 또한 오늘날의 독자들에게 낯설 수 있는 표현을 어느 정도 현대화할 것인지 또는 원문의 질감을 최대한 보존할 것인지에 대한 판단 역시 번역자의 해석에 따라 달라지며 이는 번역의 철학과 방향성에 직접적인 영향을 미친다.

끝으로는 일본 문학 번역에서 빠질 수 없는 과제가 일본 고유의 정서와 미학이 담긴 표현들을 어떻게 다른 언어로 옮길 것인가 하는 문제다. 그 예로 '모노노아와레(もののあはれ)', '유겐(幽玄)', '와비사비(侘寂)'와 같은

개념들은 단어 자체에 담긴 의미뿐 아니라 그 말이 불러일으키는 정서나 문화적 맥락 그리고 시대적 분위기까지도 함께 고려해야 한다. 이들은 대개 간접적이고 암시적인 표현이기 때문에 이를 타언어로 직역하거나 일대일 대응어를 찾기란 불가능에 가깝다. 결국 번역가는 이 개념이 작품 전체에서 차지하는 무게와 역할을 파악한 뒤 문맥에 따라 유연하게 해석하거나 주석이나 비유 혹은 설명적 번역 등을 통해 독자에게 그 의미를 전달해야 한다. 따라서 이러한 표현의 번역은 문화 간 '해석'과 '재현'의 문제로 이어지며 번역가에게는 언어 감각뿐 아니라 해당 문화에 대한 깊은 이해와 섬세한 감수성을 요구하게 된다.

이처럼 일본 문학을 번역하는 일은 종합적이고 해석적인 작업이다. 독일어와 일본어로 작품 활동을 하는 소설가 다와다 요코(多和田葉子)는 AI 번역의 한계를 지적하며 AI가 불특정 다수의 번역 데이터를 학습하기 때문에 오히려 전체적인 번역 품질이 저하될 수 있다고 비판한다. 다수의 번역 데이터를 뒤섞어 학습하는 구조에서는 한 사람의 번역가가 구현하는 일관된 해석과 고유한 문체 감각이 결여되기 때문에 작품 전체를 아우르는 문체적 일관성과 철학적 깊이가 부족할 수 있는 까닭이다

(황재하, 2025).

지금까지의 기계 번역은 단어 수준의 일치나 문법적 대응에 기반해 작동했기 때문에 문장에서 정확한 의미를 판별하거나 문맥에 맞는 자연스러운 번역을 제공하는 데에는 한계가 있었다. 따라서 문학 번역처럼 정서와 해석, 맥락의 판단이 중요한 텍스트는 기계 번역보다는 인간 번역가의 통찰력과 언어 감각이 결정적인 역할을 해 왔다고 할 수 있다.

입력 언어와 출력 언어 어느 쪽에 비중을 둘 것인가와 여러 표현 중에서 어떤 것을 선택할지에 대한 문제는 AI 번역의 기술이 아무리 발달한다고 해도 번역가의 개입이 불가피한 영역이다. 이는 문학 작품을 번역할 때 어떤 표현에 대해 올바른 번역이 하나만 존재하는 것이 아니라 번역 원문을 복합적으로 고려해 '해석'한다는 과정이 필요하다는 지적과도 맞닿아 있다(데쓰오 바바, 2024).

그렇지만 문학 번역이 기계만으로 완전히 수행될 수 있을 것인가에 대한 질문에 대해, 현재 기술 수준으로는 문학 번역은 거의 불가능하지만 기계 번역에 인간 번역이 추가되면 훨씬 더 자연스러운 번역이 가능해질 것이라는 점 역시 부인할 수는 없을 것이다(윤호숙, 2018).

참고문헌

김춘미(2008). 《번역과 일본문학》. 도서출판 문.

매일경제(2017). "세종대 '인간번역 대 인공지능' 번역 대결, 모든 평가 인간 우승". https://www.mk.co.kr/news/society/7723097

신형욱(2018). "인공지능 시대에 맞는 외국어 교과의 '성격'과 '목표'". 《한국외국어교육학회》, 25(4), 133~157쪽.

윤호숙(2018). "일한기계 번역의 오류유형에 관한 고찰 －일본소설을 중심으로－". 《일어일문학연구》, 107(11), 3~25쪽.

황재하(2025.5.19.). "두 언어 오가는 소설가 다와다 요코 'AI번역, 성공 못 할 것'". 《연합뉴스》. https://www.yna.co.kr/view/AKR20250519127400005?input=1195m

히라코 요시오(2007). 《번역의 원리》. 김한식 외 옮김. 한국외국어대학교 출판부.

데쓰오 바바(2024). "機械翻訳の現状と課題: Google翻訳, DeepL, ChatGPTによる和文英訳の精度の検証". 《英学論考》, 52, pp.45~65.

06

AI와 고어 번역

고어(古語)는 언어의 화석이 아니다. 그것은 특정 시대의 감정 · 사유 방식 · 사회 구조가 응축된 살아 있는 기록이기에 고어를 현대어로 번역하는 작업은 언어적 대응을 넘어선 해석과 재구성이 필요하다. 오늘날의 AI는 어려운 고어 번역 작업을 어디까지 수행할 수 있을까? 일본어 고어 번역의 본질적 어려움과 다양한 기계 번역 방식이 고어 번역에 어떻게 접근하는지 살펴본다.

AI와 야구?

고문의 가치

한 나라의 전통적인 서적, 문서, 서찰 등 다양한 기록물은 그 나라의 역사와 학문적 가치를 담고 있는 중요한 문화유산이다. 이러한 문화유산은 그 나라의 문화적 수준을 나타내는 지표로 현재와 미래에 걸쳐 큰 의미를 갖는다. 그중에서도 고문(古文)은 역사와 문화에서 중요한 역할을 해 온 언어 자원이다. 그 가치는 과거의 기록이라는 것에 그치지 않으며 문화적 · 철학적 통찰을 제공하는 지적 자원이다. 우리가 현대에 와서 이러한 고문을 연구해야 하는 이유는 다음과 같다.

첫째, 고문은 과거의 언어, 문화, 사고방식을 이해하기 위한 열쇠다. 신화나 역사적 사건 또는 사회적인 가치에 대한 귀중한 기록이므로 그 시대 사람들의 사상과 감정, 사회적인 맥락을 엿볼 수 있는 장(場)을 제공하는 역사적 가치를 지닌다.

둘째, 고문은 전통적인 예술적 자원으로 문학을 비롯한 예술적 창작의 기초가 된다. 예컨대 헤이안(平安) 시대에서 전해지는 문학 작품은 현대 일본의 문학적 특성을 형성하는 데 의미 있는 역할을 해 왔다. 고문은 문학적 감수성을 기르는 데 필수적인 자원으로 전통적인 문학 기법과 표현 방식을 이해하고 현대 작품을 창작하는 것에 토대를 제공한다.

셋째, 고문은 언어로서의 일본어가 발전하는 과정을 이해하는 데 있어 필수적인 자원이다. 언어의 변화 양상을 통해 사회적인 배경을 이해할 수 있고 일본어의 역사적 변화와 문화적 전환을 추적하는 것에 도움이 된다. 예컨대 고어의 차이를 분석하면 일본 사회가 겪은 문화적 · 사회적 변화와 사상적 흐름을 알 수 있을 뿐만 아니라 언어적 진화를 살펴보며 일본어가 서구화나 근대화의 영향을 받으며 어떻게 변화했는지를 이해할 수 있다. 이로써 고문은 단순한 문학적 자원이 아니라 일본어가 사회적 변화와 맞물려 발전해 온 과정을 보여 주는 언어학적 자료로서 기능한다.

넷째, 고문헌은 인간의 본성과 도덕적인 원칙에 대한 통찰을 제공하며 시대를 관통하는 보편적 가치를 탐구하는 데 기여한다. 고문헌에서 다루는 도덕적 문제와 인간 존재에 대한 질문은 현대 사회에서도 여전히 논의거리이며 이를 통해 현재의 윤리적이고 사회적 문제에 대한 이해를 넓힐 수 있다. 고문헌이 그 시대의 가치와 생각을 넘어 인류 보편적인 도덕적 기준과 철학적 질문을 제시하고 있는 까닭이다.

번역은 일반적으로 두 단계로 이루어진다. 먼저 원전

텍스트를 해석하는 1단계와 그것의 의미 등가물을 번역 텍스트로 표현하는 2단계다(히라코 요시오, 2007). 해석과 표현 두 단계 모두 언어 지식만으로 수행되기 어렵고 번역가의 언어 감각과 문화적 이해 그리고 문맥에 대한 통찰이 함께 요구된다. 고어 번역의 경우에는 시대적 언어 감각, 문화적 아비투스(Habitus)에 대한 이해, 문체에 대한 감수성이 함께 요구된다. 고어가 현대어와 어휘 · 문법 · 표현 방식에서 차이를 보이기 때문에 단순한 형태 기반의 번역 알고리즘으로는 정확한 의미 전달이 어려울 수 있기 때문이다.

이를 바탕으로 일본 역사의 시대 구분을 통해 고어의 의미를 살펴보면 다음과 같다.

상대 일본어(上代日本語)

상대 시대(上代時代, ~794)는 나라(奈良)에 도읍지가 있던 시대와 그 이전 시기로 이 시기의 일본어는 주로 한자와 일본어가 결합된 형태로 사용되었다. 《고지키(古事記)》(712년), 《니혼쇼키(日本書紀)》(720년)와 같은 고문서에 나타나 있는 일본어가 이에 해당한다.

중고 일본어(中古日本語)

중고 시대(中古時代, 794~1192)는 일본의 도읍지가 지금의 교토(京都)인 헤이안(平安)에 위치하던 때다. 이 시기에는 일본어의 형태가 본격적으로 자리 잡기 시작했으며 문법과 어휘의 발전이 전환점을 맞이한다. 1008년에 창작된 것으로 추정되는 《겐지모노가타리(源氏物語)》는 중고 일본어로 쓰인 대표적인 작품으로 이 시기의 문학적 특징과 언어 변화를 잘 보여 준다.

중세 일본어(中世日本語)

중세 시대(中世時代, 1192~1603)는 가마쿠라 막부(鎌倉幕府, 1192~1333)부터 무로마치 막부(室町幕府, 1333~1603)까지이며 이 시기는 고어와 근대 일본어의 중간적인 단계로 고어의 문법적 특징이 존재하면서도 구어체나 일상적인 표현이 많이 사용된다. 이러한 특성은 당시의 사회 변화와 함께 일본어가 일상적이고 대중적인 방향으로 변모해 가는 과정이다.

근세 일본어(近世日本語)

근세 시대(近世時代)는 에도 막부(江戸幕府, 1603~1867)가 지배하던 시대로 이 시기 일본어는 고어적인 요소가 점차 사라지고 현대 일본어와 유사한 형태로 변화하기 시작한다. 소설을 중심으로 산문 문학이 발달해 와카(和歌)나 하이쿠(俳句) 등 정형시와 함께 일본 문학의 기초가 되었다. 중앙 집권적인 봉건 제도가 확립되고 유교적인 가치관이 사회 질서를 유지하는 데 큰 역할을 했으며 상업의 발달에 따라 도시 문화와 상류층의 생활이 반영된 일상적이고 현실적인 문학이 많이 등장했다.

근대 일본어(近代日本語)

근대 시대(1868~1945) 일본어는 문법이나 어휘의 표준화 과정을 거쳤다. 일본어의 형식과 단어가 변화하면서 고어적인 요소는 거의 사라지고 새로운 일본어가 사용되기 시작했다. 이 시기에 형성된 일본어가 현재까지 이어져 오는 것이며 현대 일본어와 유사하지만 문법적인 구조나 어휘에서 다소 차이가 있다. 고어는 일상생활에서 거의 사라지고 전문적인 연구나 문학 작품에서만 다루어지는 경우가 많다.

이러한 시대 구분에 따라 상대 일본어부터 근세 일본어까지를 일본어의 고대어 또는 고어라고 하며 10세기 무렵 중고 시대에 쓰인 일본어가 대표적인 고어라고 구분하는 경우가 있지만(한미경 외, 2023), 일반적으로 고어라고 하면 일본의 역사적 언어 표현 전체를 포괄하는 것보다는 고전 문학과 문어체 중심으로 오늘날 사용되지 않는 옛 일본어를 의미하는 경우가 많다.

일본어는 시대를 거치며 많은 변화를 겪었고, 이 과정에서 고어는 오늘날 일본어의 기초가 되는 역할을 해 왔다. 고어에서 유래된 많은 표현들은 현대 일본어에 여전히 영향을 미치며 고전 문학과 문화 속에서 그 가치를 유지하고 있다. 고문 속에는 현대에는 쓰이지 않지만 아름다운 단어나 표현이 많이 있으며 이를 통해 당시 일본인의 사고방식이나 가치관, 생활 양식 등을 엿볼 수 있다. 예를 들면 '이토오카시(いとおかし)'라는 고어는 '대단히 아름답고 사랑스럽다', '깊고 우아하고 고상한 매력이 있다'와 같은 의미로 자연이나 예술, 일상적인 아름다움을 강조할 때 쓰는 표현이다. 이 고어는 지금 사용해도 상관없지만 고전 문학이나 문어체에서만 주로 나타난다. 이는 언어의 표준화와 간소화 과정에서 자연스럽게 생긴 변화이며 언어의 발전과 사회적 변화에 따른 필연적인 결과이기도 하다.

고어 표현은 그 자체로 문화적 자산으로 남아 있으며 오늘날에도 일본 문학과 예술에서 그 미적 가치와 감수성을 이해하는 데 가치 있는 역할을 한다. 따라서 우리는 고어가 과거의 유물이 아니라 현재와 미래를 이어 주는 문화적 가교로 바라볼 필요가 있다.

고어를 번역하고 해석하려는 노력에는 언어와 문화의 지속 가능한 발전을 위한 의미가 있다. AI 기술의 발달은 기계 번역의 정확성을 강화하고 고어 특유의 뉘앙스와 문맥을 세밀하게 해석하는 데 중요한 계기가 될 것이다.

AI와 일본 고문 번역의 현재

고문헌 자료는 문화 자산으로서 새로운 가치를 발견하고 적용할 수 있는 자료를 발굴해 콘텐츠 제작이나 교양 강좌에 활용함이 바람직하다(장인진, 2015). 이러한 이유로 AI 기술은 일본 고문헌의 디지털 아카이빙을 비롯해 다양한 분야에서 빠른 속도로 적용되고 있다. 문화유산의 디지털화뿐만 아니라 고대 문서의 복원이나 전통 예술의 분석에도 AI가 활용되고 있는데, 이는 AI가 문화유산 관리에서 중요한 역할을 하며 예술 작품의 디지털 복원이나 보존 작업을 보다 효율적이고 정확하게 수행할 수 있게 해 준다. 또한 음성 분석과 언어 인식 기술을 통해 고어나 고전 문학을 자동으로 분석하고 번역하는 데에도 사용될 수 있다.

음악 분야에서는 AI를 이용해 고전 음악을 현대적인

형식으로 재해석하거나 민속 음악을 디지털화해 새로운 창작물을 만들어 내는 시도들이 이루어지고 있다. 또한 패션 산업에서도 AI는 전통 의상과 현대 패션을 결합해 디지털 패션 디자인을 창출하는 데 기여하고 있으며, 건축 분야에서도 고대 건축물의 디지털 모델링과 복원에 AI 기술을 적용하고 있는 것은 AI 활용성의 폭넓은 범주를 확인할 수 있게 해 준다.

AI는 고문헌을 효율적으로 디지털화하고 자동화된 텍스트 분석을 통해 언어적 · 문화적 특징을 추출할 수 있는 능력을 제공한다. 이러한 기술의 진보는 일본 고문헌을 세계 연구자들이 쉽게 접근할 수 있는 디지털 자료로 변환시키며 보존과 공유의 측면에서 중요한 진전을 이루었다. 그뿐만 아니라 자연어 처리(NLP)와 기계 학습을 통해 고문헌의 문학적 가치와 언어적 특성을 보다 깊이 분석하고 문학적 연구와 역사적 연구를 동시에 지원할 수 있게 되었다. AI 기술을 활용한 디지털 아카이브는 일본 고문헌이 역사적 기록을 넘어서 문화적 자원으로 재창출할 수 있는 새로운 가능성을 열어 주며 콘텐츠 제작이나 교양 강좌 등 다양한 분야에서 고문헌을 활용한 창의적이고 교육적인 자료를 제공할 수 있을 것이다.

사정이 이렇다면 AI는 일본어 고문의 번역에 어떤 방

식으로 기여할 수 있을까? 2016년 활동을 시작한 ROIS-DS 인문학 오픈데이터 공동이용센터(Center for Open Data in the Humanities, CODH)는 인문학 분야에서 데이터 기반 연구를 활성화하고 이를 위한 공동 이용 거점을 마련하기 위해 설립되었다. 이 센터는 일본 문부과학성 산하의 연구 기관인 정보·시스템 연구 기구 데이터사이언스센터(ROIS-DS) 소속으로 학제 간 연구를 위한 데이터 기반 플랫폼을 구축하고 다양한 프로젝트를 지원하고 있다. CODH는 디지털 인문학의 기반을 다지기 위한 연구 인프라 개발을 목표로 고문헌 이미지의 자동 판독이나 텍스트 데이터의 구조화, 메타데이터의 표준화 등 여러 방면에서 활발한 활동을 이어 가고 있다.

'일본 고전 서적 데이터 세트(日本古典籍データセット)' 프로젝트는 일본어의 역사적인 고전 서적 국제 공동 연구 네트워크 구축 계획의 일환으로 추진된 사업으로 디지털화된 고전 서적의 이미지 자료 등을 오픈데이터 형태로 공개하고 있다. 현재는 국문학 연구 자료관이나 여러 기관이 소장한 자료를 중심으로 서비스가 제공되고 있으며 《겐지모노가타리(源氏物語)》, 《쓰레즈레쿠사(徒然草)》, 《이세모노가타리(伊勢物語)》와 같은 대표적인 고전은 물론 《우지슈이모노가타리(宇治拾遺物語)》,

《니혼료이키(日本霊異記)》 등 다양한 중요 문헌들도 함께 공개하고 있다.

이 프로젝트는 생성 AI를 통한 고문 번역 서비스 제공으로 주목받았으며 일본어 초서체로 작성된 고전 문헌을 이미지 기반으로 자동 판독한 뒤 이를 현대 일본어로 변환하거나 영어로 번역하는 시스템을 구축한 점에서 큰 혁신을 이루었다. 이를 통해 사용자는 웹이나 모바일 애플리케이션을 통해 누구나 손쉽게 고문 텍스트에 접근하고 번역할 수 있게 되었다.

이 인식 모델은 크로넷(KuroNet)이라고 하는 초서체 해독 프로그램을 통해 처음 시도되었으며 고문 전문가가 한 장을 번역하는데 10분 정도가 걸린다면 AI는 이를 1초 만에 인식하고 번역할 수 있는 속도를 자랑한다. 크로넷은 약 68만 자 분량의 초서를 학습했으며 변체' 가나(変体仮名)를 포함한 흘림체 형태의 초서 한자까지 약 2400종을 인식할 수 있는 능력을 보유하고 있다. 이에 따라 에도 시대의 문헌에 대해서는 약 90% 정도의 해독 능력을 지닌 것으로 알려져 있다(윤광제, 2019).

이후 2022년 새롭게 개발된 루리(RURI, 瑠璃)는 기존 모델보다 복잡한 색과 모양을 정밀하게 분석하고 100만 문자 이상의 초서 한자를 강화해 새로운 문자의 인식을 가능하게 했다. 그 결과로 개발된 초서 한자 인식 어플리케이션 미오(miwo)는 이미지를 통해 초서 한자가 현대 일본어로 자동 변환되며 수정과 저장, 복사의 기능까지도 제공하게 되었다. 이러한 기술의 발전으로 일본에서 발굴되지 않은 고문서들에 대한 발견이 이어질 것으로 기대된다.

참고문헌

윤광제(2019.7.16.). “일본 고문서의 ‘초서’ AI가 고속 해독, 정확도 90%”. 《aitimes》. https://www.aitimes.com/news/articleView.html?idxno=121632

장인진(2015). “계명대 동산도서관 고문헌의 활용과 연구 방향”. 《한국학논집》, 60, 151~188쪽.

한미경 외(2023). 《일본어 완벽 이해를 위한 일본어 고전문법》. 한국외국어대학교 지식출판콘텐츠원.

히라코 요시오(2007). 《번역의 원리》. 김한식 외 옮김. 한국외국어대학교 출판부.

ROIS-DS 인문학 오픈데이터 공동이용센터. https://codh.rois.ac.jp/

07

AI 번역의 예시

인공신경망 기계 번역과 대규모 언어 모델 기반의 번역 시스템은 근대 문학의 섬세한 문체와 감수성을 얼마나 충실히 전달할 수 있을까? 인공신경망 기계 번역과 대규모 언어 모델 그리고 인간의 번역을 비교해 각각의 장점과 한계를 분석한다.

AI와 윤동주?

사례 1

여기에서는 인공신경망 기계 번역의 대표적인 모델인 구글 번역, 파파고, 미라이 번역 그리고 대규모 언어 모델인 지피티-4o, 딥엘, 구글 제미나이와 저자의 졸역을 비교해 차이점과 특징을 살펴볼 것이다. 여러 방식의 번역 결과물의 차이를 확인하기 위해 1) 구글 번역, 2) 파파고, 3) 미라이 번역, 4) 지피티-4o, 5) 딥엘, 6) 구글 제미나이 그리고 7) 저자의 졸역을 병기했다.

다음은 근대 문학가인 다야마 가타이(田山花袋) 소설 《시골 선생(田舎教師)》에 나오는 주인공의 일기 글이다. 1909년 작품으로 일기 글이나 편지글에 당시의 고어체가 잘 담겨 있다.

1. **원문**

あゝわれつひに堪へんや、あゝわれつひに田舎の一教師に埋れんとするか。明日！明日は万事定まるべし。村会の夜の集合！噫！一語以て後日に寄す。

2. **번역 결과**

1) 구글 번역

아아, 쓰히니 견뎌 떡이나, 아아 히츠히니 시골의 한 교사에게 묻을 수 없는가. 내일! 내일은 만사 정 마루베시. 마을회의 밤의 집합!

2) **파파고**

아, 내가 참기는커녕, 내가 시골의 한 교사에게 묻히려고 하겠는가. 내일! 내일은 만사가 정해져야 한다. 마을회의 밤의 집합! 噫! 한마디로 후일에 기대다

3) **미라이 번역**

아와와레쓰히가무방하다, 아와와레쓰히가 시골의 한 교사에게 묻히려 하나. 내일! 내일은 만사형통이다. 마을 회의 밤의 집합!

아! 한마디로 뒤로 미루다

4) **챗지피티**

아아, 나는 마침내 견디지 못하겠구나. 아아, 나는 결국 시골의 한 교사로 묻히고 마는 것인가. 내일! 내일이면 모든 것이 결정될 것이다. 마을회의 밤 모임! 아아! 한마디 말로 훗날에 뜻을 남긴다.

5) **딥엘**

아아, 내가 과연 이 고난을 견뎌낼 수 있을까? 아아, 내가 과연 시골의 한 교사로 묻히게 될까? 내일! 내일은 모든 것이 결정될 것이다. 마을 회의의 밤 모임! 아아! 한 마디로 후일에 맡기리라.

6) **구글 제미나이**

아아, 나는 끝내 견딜 수 없는가. 아아, 나는 끝내 시골의 한 낱 교사로 묻히고 마는 것인가. 내일! 내일이면 모든 것이 정해지리라. 마을 회의의 밤 집합!
아아! 할 말은 다음 날로 미루노라.

7) **저자의 졸역**

아아, 나는 더는 견딜 수가 없다. 아아, 나는 결국 이런 시골에서 일개 선생으로 묻히고 마는 것인가. 내일이다! 내일이면 모두 결정이 날 것이다. 밤에 있을 마을 회의! 아아, 그 한 마디에 앞날을 맡겨야 한다.

이 장면은 주인공이 작은 시골 마을의 교사로 추천 받아 취업을 하기 위해 등 떠밀리듯 나선 상황에서 고통을 느끼며 쓴 일기다. 주인공이 처한 상황에 대한 절박함이나 인물의 내면적인 절규에 초점을 맞춘 번역이다.

AI의 번역 중에서 원문과 가장 가까우면서도 자연스러운 번역은 4)와 5)그리고 6)이다. 이 글들은 전체적으로 문학적으로 정제된 느낌이 있어 어색함이 없이 느껴진다. 특히 감탄 표현에 있어 '~하는 것인가'와 '~하리라'와 같이 화자의 내면적 동요나 결의, 체념, 예감과 같은 표현을 정확하게 번역해 구사하고 있다. 이는 일본 근대 문학 특유의 문어적 정조(情調)와 결합되어 의미 전달을 넘어 문체와 맥락까지 고려한 번역이라 할 수 있다.

반면 나머지의 경우 과도한 직역과 불완전한 의미 해석으로 원문을 바르게 전달하고 있지 않으며 어미의 추량과 단정의 표현들이 대부분 오역되어 있다. 1)은 문법적으로 불완전하며 의미 전달에 어려움이 있고 2)와 3)의 경우는 일본어 단어에 대한 적절한 한국어의 대응이 없거나 부족해 음역(音譯)으로 발음을 그대로 옮겨 둔 상태로 미완의 번역이 되었다. AI 번역에서 이러한 음역 번역은 흔히 있는 오류로 예를 들어 '村会'를 '손카이'라고 번역하는 것처럼 단어 전체의 의미를 분석하지 못하고 대응하는 개념을 찾지 못해 학습되어 있는 발음을 기반으로 출력하는 경향을 발견할 수 있다.

사례 2

두 번째는 보다 길고 구조적으로 복잡한 문장을 대규모 언어 모델로만 번역해서 비교해 보려고 한다. 1) 지피티-4o, 2) 딥엘, 3) 구글 제미나이 4) 저자의 졸역 순이다.

1. **원문**

今歳もまた暮れ行く。思ひに思ひ乱れてこの三十四年も暮れ行かんとす。思ふまじとすれど思はるるは、この年の暮れなり。かくて最後の決心はなりぬ。無言、沈黙、実行。われは運命に順ふの人ならざるべからず。とても、とても、かくてかかる世なれば、われはた多くは言はじ。明星、新声来る。ああ終に終に三十四年は過ぎ去りぬ。わが一生において多く忘るべからざる年なりしかな。言はじ、言はじ、ただ思ひいたりし一つはこれよ、曰く、かかる世なり、一人言はで、一人思はむ。ああ。

2. **번역 결과**

1) 챗지피티

올해도 또 저물어간다. 생각하고 또 생각에 얽혀 이 서른네 해도 저물어가려 한다. 잊으려 해도 자꾸 떠오르는 것은, 이 한 해의 저물음이리라. 이리하여 마침내 마지막 결심이 섰다. 무언, 침묵, 실행. 나는 운명에 따르는 사람이 되지 않을 수 없게 되었다. 어차피, 어차피, 이런 세상이기에, 나는 더 이상 많은 말을 하지는 않으리라. 샛별이 뜨고, 새로운 소리가 온다. 아아, 마침내, 마침내 서른네 해가 지나갔다. 내 일생에서 잊을 수 없는 해였구나. 말하지 않으리, 말하지 않으리. 다만 생각이 이른 바 하나는 이것이다.

이르길, 이런 세상이니, 말없이 생각하며 살아가리라, 혼자서. 아아.

2) **딥엘**

올해 역시 저물어가고 있다. 생각에 생각이 얽혀 이 삼십사년도 저물어가려 한다. 생각하지 않으려 해도 생각나는 것은, 이 해의 저물어가는 모습이다. 그리하여 마지막 결심이 굳어졌다. 말없이, 침묵으로, 실행으로. 나는 운명에 순응하는 사람이 되어야 한다. 매우, 매우, 이처럼 이 세상이니, 나는 더 이상 말하지 않겠다. 명성, 새로운 소리가 온다. 아아, 마침내 34년이 지나갔다. 내 인생에서 결코 잊을 수 없는 해였다. 말하지 않겠다, 말하지 않겠다, 단지 한 가지 생각뿐이다. 이 세상은 이렇다. 혼자 말하지 않고, 혼자 생각하리라. 아아.

3) **구글 제미나이**

올해도 또 저물어 가는구나. 온갖 상념에 괴로워하며 이 서른네 해의 삶도 저물어 가려 한다. 생각하지 않으리라 마음먹어도 자꾸만 생각에 잠기게 되는 것이, 바로 이 한 해의 끝이로다. 그리하여 마지막 결심은 섰다. 무언, 침묵, 실행. 나는 운명에 순응하는 사람이어야만 하리라. 아무렴, 아무렴, 이러한 세상이기에, 나 또한 많은 말은 하지 않으리.《묘조(明星)》와《신성(新声)》이 오는구나. 아아, 마침내, 마침내 서른네 해는 지나가 버렸도다. 내 일생에 있어 결코 잊을 수 없는 해였구나. 말하지 않으리, 말하지 않으리. 다만 생각 끝에 다다른 한 가지는 이것이니, 이르기를, "이러한 세상이니, 홀로 말하지 않고, 홀로 생각하리라." 아아.

4) **저자의 졸역**

올해도 다시 저물어 간다. 거듭된 생각으로 머릿속이 혼란한 채 1901년이 저물어 가려 한다. 생각하지 말자고 해도 떠오르는 것은 올해 연말이다. 그래서 마지막 결심을 내렸다. 무언 · 침묵 · 실행 나는 운명에 따라야 한다. 정말로 정말로, 세상이 이런 곳이라면 나는 많은 말을 하지 않겠다.《명성》과《신성(新聲)》이 도착했다. 아아, 끝내 1901년이 저물었다. 내 인생에 있어 많은 것을 잊어야만 했던 한 해였다.

말하지 않으리, 말하지 않으리라, 다만 한 가지 깨달은 바가 있으니 이런 세상이라면 혼자서 말하지 않고 혼자서 생각하겠다는 것이다. 아아.

이 문장은 문어체의 고어로 구성되어 있으며, 현대 일본어에서는 사용되지 않는 표현들이 다수 포함되어 있다. 예를 들어, 'まじ'(의지적 부정), '～べからず(금지)', '～ぬ'(완료) 등은 현대어와는 의미나 용법이 상이한 고전 문법 표현들이다. 이러한 표현들은 현대 일본어 문법 체계와 구조적으로 다르기 때문에 AI 번역기가 이를 정확히 처리하지 못하고 혼동하거나 오역할 가능성이 높다. 이로 인해 문장 해석 과정에서 문법적 괴리가 발생하게 된다.

또한 고문에서의 정서 표현 방식은 현대어의 직설적인 감정보다는 정제되고 암시적인 방식을 선호한다는 특징이 있어 상징적이고 반어적인 표현들이 사용되지만 AI 번역기는 이를 문자 그대로 해석하거나 의미를 단순화하는 경향이 있다.

예컨대, '言はじ､言はじ'는 겉보기에는 부정 표현 같지만 실제로는 '말하지 않겠다'는 의지적 반어 표현으로 오히려 강한 감정의 표출이다. 이처럼 정서를 감추고 돌려

말하는 고문만의 표현 방식은 기계 번역에서는 맥락적 해석이 누락되기 쉽고 그로 인해 감정의 깊이나 표현 의도가 정확히 반영되지 않는 문제가 발생한다.

이러한 우려에도 불구하고 1)과 2)와 3)의 번역은 모두 일정 수준 이상의 문장 해석과 표현을 보여 주고 있다. 'まじ', '言はじ' 와 같은 고어의 번역에서는 모두 부정적인 의미를 정확하게 번역해 냈고, 북받치는 감정의 증폭을 상징하는 'とても、とても'가 반복되는 부분 또한 1) 마침내, 마침내 2) 매우, 매우 3) 마침내, 마침내로 번역하는 등이 바로 그것이다.

3)의 경우에 사전적인 정보 제공이나 문맥적 명시 없이도 '명성(明星)'과 '신성(新声)'을 잡지의 이름으로 해석하고 겹낫표(《 》)를 표기한 것은 주목할 만하다.

그러나 이와 같은 번역의 차이는 AI가 여전히 기호적이고 문화적인 함의를 온전히 이해하거나 재구성하지 못하고 있다는 점을 드러낸다. AI 번역 시스템은 표면적인 언어 처리에서는 뛰어난 성과를 보이지만 문학 텍스트가 요구하는 함축적 의미와 문화적 맥락을 반영하는 데에 한계가 있음을 알 수 있다. 이는 향후 번역 기술이 더 정교하게 발전하는 과정에서 문학의 고유한 특성을 충실히 반영할 수 있는 새로운 접근법이 필요함을 시사한다.

참고문헌

田山花袋(1909). 《田舎教師》. 佐久良書房.

구글 번역.
https://translate.google.com/?sl=auto&tl=ko&op=translate

구글 제미나이. https://gemini.google.com/app

딥엘. https://www.deepl.com/en/translator

미라이 번역. https://plus.miraitranslate.com/

챗지피티. https://chatgpt.com/

파파고. https://papago.naver.com/

08
AI 시대 번역가의 역량

기게 번역은 번역가를 대체할 수 있을까? 이런 질문은 이미 오래전부터 반복적으로 제기되어 왔으며 이제는 호기심을 넘어 논의의 중심에 서 있다. 기계 번역의 정확도와 효율성이 지속적으로 향상되면서 번역가의 역할과 가치는 어떻게 변화할 것인가 하는 질문은 더욱 깊이 있는 고민을 요구한다. AI가 발전함에 따라 번역가의 역할이 어떻게 변화하고 미래의 번역가는 어떤 역량을 갖추어야 하는지 살펴본다.

AI와 한의학?

협업의 시대 새로운 패러다임

AI 번역 기술의 비약적인 발전은 문학 번역의 현장에도 빠르게 확산되고 있다. 번역가의 노동을 보조하는 도구로서 시작된 기계 번역은 초벌 번역과 포스트 에디팅(Post-Editing)을 포함한 협업 방식으로 진화하며 인간 번역가의 역할과 존재 방식에 대한 근본적인 재고를 촉발하고 있다.

문학 번역 분야에서는 번역가가 여전히 핵심적인 역할을 맡아야 한다는 의견이 많지만 AI와 어떤 방식으로 협력할 수 있을지에 대한 논의가 활발히 진행되고 있으며 이러한 흐름은 교육과 출판 현장에서 번역가의 정체성 재정립으로 이어져 디지털 전환 시대 속에서 문학 번역의 가치와 윤리에 대한 성찰 또한 새로운 과제로 부상하고 있다.

구글의 번역 총괄 연구원인 마이크 슈스터(Mike Schuster)는 2017년 국내 신문과의 인터뷰에서 기계 번역 기술이 아무리 좋아져도 AI가 인간의 통번역 활동을 완전히 대체하기 어려울 것으로 예측했다. 인간의 언어는 도구에서 그치는 것이 아니라 상황에 따라 달라지는 언어의 의미나 소통 중에 사용하는 표정과 제스처, 문화적인 차이 등을 AI가 학습하기 어려울 것이라는 이유를

들었다(김범수, 2017).

AI가 발달함에 따라 곧 사라질 직업군으로는 주로 단순 반복적인 업무와 관련된 직종들이 거론되지만 통역과 번역도 종종 후보에 포함된다. 취업 전문 사이트의 설문 조사에 따르면 미래에 사라질 직업 1위가 번역가였고 2위는 캐셔, 3위는 경리, 4위는 공장 근로자, 5위는 비서가 차지했다는 결과가 있었다(송상헌, 2020). 흥미로운 점은 캐셔, 경리, 공장 근로자나 비서와 같이 비교적 창의성이 필요하지 않은 직업군과 번역가가 동일선 상에서 인식된다는 점이다. 그러나 이는 번역 업무에 대한 정확한 이해 부족과 AI 기술에 대한 피상적인 이해를 언론이 그대로 답습한 것일 뿐이다(송상헌, 2020). AI가 번역 업무를 완벽하게 대체할 수 있다는 확신은 번역에 대한 정의를 언어의 변환이라고 단순하게 정의할 때에만 가능하기 때문이다. 물론 빅데이터를 통한 번역의 개선이 지속되고 있기 때문에 번역가라는 직업이 사라질 가능성이 있을지는 모르겠지만 아직 실현되기에는 여러 난관이 존재한다.

실제 번역 작업은 언어 치환을 넘어 맥락 파악, 의미 해석, 문화적 함의 전달, 글의 목적과 독자를 고려한 복합적인 판단을 필요로 한다. 전문 번역, 교육, 미디어, 법률, 홍보 등의 분야에서는 문장의 의도와 어조, 사회적 맥락을 반영하는 것이 번역의 질을 좌우하는 핵심 요소다. AI는 빠르고 유창하게 문장을 생성할 수 있지만 여전히 언어의 분위기를 읽어 내고 상황에 맞게 의도를 조정하는 능력에서는 한계를 보인다. 결국 번역은 기술적 처리 이상의 작업이며 인간의 해석 능력과 판단력이 개입될 때 비로소 완성되는 복합적 언어 활동이다.

오늘날 번역가들은 점차 기계 번역을 수반한 작업 건수가 늘고 그로 인해 번역가의 처우나 지위가 점점 나빠지는 현실을 마주하고 있다(이상빈, 2024). 이와 같은 변화 속에서 번역가는 더 이상 언어의 변환자가 아니라, AI와 협력해 창의적이고 세밀한 번역을 구현하는 협업자이자 해석자로서의 역할을 새롭게 정립해야 할 시점에 와 있다.

AI 번역과 포스트 에디팅

번역은 세계와 역사에서 주체의 위치를 끊임없이 재배치하는 방법이며 자신에게 이질적인 것을 의식하는 수단이다. 기존의 일상에서, 공통적으로 안정적인 상태에서 인간의 의식을 외부로 이끌어 내는 방법이라는 관점에서(하야카와 아쓰코, 2017), 번역은 언어 변환 이상의 복합적인 작업임을 알 수 있다.

AI 번역 기술의 발전은 번역의 기초적인 작업을 신속하고 정확하게 처리할 수 있는 가능성을 열었으나 여전히 문화적 맥락이나 미세한 어감의 처리에는 한계를 보인다. 이러한 한계를 극복하기 위해 필요한 것이 바로 포스트 에디팅이다. 포스트 에디팅은 AI 번역 결과물을 번역가가 세밀하게 다듬어 문맥과 의미를 정확하게 전달할 수 있도록 하는 중요한 과정이다. 또한 번역 결과를 수정하는 기술적 작업일 뿐 아니라 번역 결과에 대한 재해석과 객관화를 넘어선 전문가의 주관화 과정이자 텍스트의 문화적 맥락을 보완하고 통역사의 창의성을 부여하는 심오한 과정이기도 하다(임형재, 2025).

북미 최대의 출판사인 펭귄 랜덤 하우스(Penguin Random House, PRH)가 장르를 불문하고 AI 번역을 금지하는 조항을 계약서에 넣어 반향이 일었다. 이러한 주장에는 기계 번역으로 인한 오역을 줄이겠다는 목적과 AI 번역기에 의한 콘텐츠의 유출 가능성을 방지하기 위한 것이다(이호재, 2024). 그러나 기계 번역 후 편집 작업을 거쳐 번역물을 완성하는 기계 번역 포스트 에디팅(MTPE, Machine Translation Post-Editing)의 방식이 널리 확산되어 있기 때문에 이러한 무조건적인 금지가 아니라 공생을 위한 협업의 관계가 필요하다.

현재 기계 번역 포스트 에디팅은 AI 번역이 제공하는 속도와 효율성을 활용하면서도 번역가가 문맥을 고려하고 문화적 분위기를 반영해 번역 상태를 보장하는 방식으로 활용되고 있다. AI와 번역가의 협업이 번역 과정에서 발생할 수 있는 오류를 최소화하고 콘텐츠 유출을 방지하면서도 번역의 정확성과 창의성을 유지할 수 있는 가능성을 열어 주는 방안이 될 수 있기 때문이다.

이러한 번역 방식은 번역에 필요한 시간과 노력을 줄이는 것뿐만 아니라 번역가에게 새로운 기회를 제공하며 궁극적으로 번역의 질을 향상시킬 가능성을 지니고 있다. AI 기술의 발달은 번역의 속도와 효율성을 높이는 도구로 활용되며 번역가는 더욱 창의적이고 전략적인 역할을 맡게 된다. 이는 번역가의 노동 강도를 완화하고 창의적이고 전문적인 작업에 많은 시간을 할애할 수 있는 기회를 제공한다. 결국 기계 번역 포스트 에디팅은 번역 품질을 높이고 AI와 인간의 협업을 통해 더 나은 결과를 만들어 내는 중요한 과정이다.

이 과정에서 번역가에게 필수적인 것은 창의성과 문화적 이해와 해석 역량이다(임형재, 2025). AI의 기계적인 번역만으로는 결코 충분한 품질을 보장할 수 없으며,

AI 번역의 효율성을 활용한 번역가가 문화적 해석을 통해 창의적인 번역 작업물을 만들어 내는 협업은 번역의 질을 높이고 더 다양하며 풍부한 문화적 교류를 촉진할 것이다. AI 번역과 번역가 간의 협업을 통해서 창의적 해석이 결합될 때 번역은 문화적 · 사회적 맥락을 반영한 깊이 있는 결과물을 만들어 낼 수 있을 것이다.

참고문헌

김범수(2017.9.26.). "구글 번역 최고담당자의 예상 밖 답변 '번역기가 인간을 완전 대체하는 시점은 오지 않을 수도'". 《조선비즈》. https://biz.chosun.com/site/data/html_dir/2017/09/26/2017092601082.html

송상헌(2020). "기계 번역에 대한 몇 가지 오해". 《번역·언어·기술》, 1, 5~23쪽.

이상빈(2024). "Ai 번역 시대, 번역과 번역자를 바라보는 다양한 관점들". 《통역과 번역》, 26(3), 125~151쪽.

이호재(2024.1.21.). "해외 대형 출판사들, 'AI 번역금지' 국내 출판사에 계약 요구". 《동아일보》. https://www.donga.com/news/Culture/article/all/20240121/123159869/1

임형재(2025). 《AI시대 통번역의 포스트에디팅 전략》. 공앤박.

하야카와 아쓰코(2017). 《번역이란 무엇인가》. 현암사.

09
AI 시대 번역 윤리와 저작권 문제

AI와 기계 번역 기술의 발전은 번역 산업에 큰 변화를 일으켰지만 이로 인해 새로운 윤리적 · 법적 문제도 발생하고 있다. AI가 번역하는 과정에서 저작권 문제뿐만 아니라 번역의 정확성이나 원저작자의 의도 왜곡에 대한 우려도 커지고 있다. AI 번역이 상업적으로 활용될 때 발생할 수 있는 법적 책임과 저작권 귀속 문제는 아직 명확하게 규명되지 않았다. AI 번역이 제기하는 윤리적 고민과 저작권 문제를 살펴보고 이를 해결할 방안을 모색하고자 한다.

AI와 화장품?

AI 예술 시대, 창작자의 권리와 사회적 인식의 변화

2020년대 들어 다양한 산업 분야에서 실효성 있는 AI 기술이 본격적으로 도입되고 운용되기 시작했다. 이는 문학을 포함한 예술 분야도 예외는 아니며 창작 활동 전반 ―문학 · 미술 · 음악 · 영화 · 건축 등―에서 이미 AI의 개입은 활발히 이루어지고 있다. 동시에 인간만의 고유한 영역으로 여겨졌던 예술과 창조의 작업에 AI가 참여하게 되면서 예술성과 창의성의 의미를 새롭게 정의할 필요성이 제기되고 있다.

AI가 창작한 예술 작품에 대한 감상자들의 평가 양상을 살피는 실험에서 초기에는 '아름다운가', '창의적인가'와 같은 주관적 가치 판단에 중점을 두었으나(이재박, 2020) 점차 보다 구체적이고 안정된 지표를 바탕으로 AI 작가의 위상을 재평가할 수 있을 만큼 세부적이고 전문적인 평가 기준이 형성되고 있다. 이 실험은 AI가 창작한 작품이 시장에서 실제로 거래될 수 있을 것이라는 가능성을 발견하는 실험이었지만 AI 작품의 상업적인 가치뿐만 아니라 AI 창작의 예술성에 대한 사회적인 수용과 담론의 형성이 진지하게 논의되고 있다는 점을 시사하고 있다.

그러나 이러한 낙관적인 가능성에도 불구하고 AI가 창작한 예술이 사회적으로 인정받게 될 경우 그것이 예술가의 저작권을 침해하는 것은 아닌지에 대한 우려도 함께 제기된다. 2025년 3월 챗지피티가 이미지 생성 기능을 갖춘 새 모델 지피티-4o을 출시하고 일본의 스튜디오 지브리(Studio Ghibli) 스타일의 애니메이션과 유사한 이미지를 만들기가 세계적인 인기를 끌었다. 2025년 4월 기준 1억 3천만 명 이상의 이용자가 1주일 동안 생성한 이미지는 약 7억 장이 넘으며 한 달 만에 3배가 넘는 이용자 수를 기록했다(김은하, 2025).

독창적인 예술적 세계관과 시각적 언어를 통해 강력한 브랜드 정체성을 고수해 온 지브리와 미야자키 하야오(宮崎駿) 감독은 이러한 현상에 관해 특별한 언급을 하지는 않았지만 2016년 다큐멘터리 영화 《끝나지 않은 사람 : 미야자키 하야오(終わらない人 宮崎駿)》에서 그가 AI가 창작한 좀비 애니메이션을 보면서 '생명에 대한 모욕'이라 언급하고 이런 것을 만든 사람은 '고통이 무엇인지 모르는 사람'이라 비판했던 점에서 미루어 보았을 때 AI의 창작에 대해 부정적인 인식을 가지고 있을 것으로 생각할 수 있다(이인영, 2025).

AI를 통한 손쉬운 모방은 원작 콘텐츠의 시장 가치를

무력화시키고 창작 주체의 브랜드 자산을 훼손할 수 있다. 미야자키 하야오와 스튜디오 지브리가 수십 년에 걸쳐 구축한 브랜드 가치는 단순히 시각적인 스타일에만 있는 것이 아니라 그들만의 스토리텔링과 세계관 그리고 철학을 포함한 종합적 가치 체계로 이루어져 있다. AI는 이 중에서도 가장 표면적인 시각 요소만을 추출해 대량 복제함으로써 브랜드의 창의성과 프리미엄 가치를 떨어뜨릴 여지를 남긴 것이다.

AI 번역과 저작권 문제

한국의 저작권법에 의하면 '저작물'은 인간의 사상 또는 감정을 표현한 창작물을 말한다. 예컨대 소설 · 시 · 논문 · 강연 · 연설 · 각본과 같은 어문 저작물을 비롯해 음악 저작물, 연극과 무용 저작물, 회화 · 서예 · 조각 · 판화 등 미술 저작물, 건축 저작물, 사진 저작물, 영상 저작물 등이 여기에 포함된다. 아울러 저작권법 제2장 제5조에서는 기존의 저작물을 번역, 편곡, 변형, 각색, 영상 제작 그 밖의 방법으로 작성한 창작물을 '2차적 저작물'로 규정하고 이 역시 독자적인 저작물로서 보호한다고 명시하고 있다(대한민국 법제처, 2024).

이처럼 번역은 원저작물의 의미와 문체, 맥락을 창의

적으로 해석하고 재구성하는 창작 행위로 간주된다. 번역 과정에서는 원문에 대한 해석과 표현 방식의 선택, 문화적 조정 등의 판단이 요구되며 이는 번역가의 개별적인 창의성과 감수성을 반영하는 작업이다. 따라서 창작성 있는 번역은 2차적 저작물로서 보호 대상이 되며 번역가 또한 해당 번역물의 저작자로서 저작 인격권과 저작 재산권을 행사할 수 있다.

그러나 이러한 저작물의 전제는 어디까지나 인간의 창작 행위를 근간으로 한다. 다시 말해 저작권법이 보호하는 저작물은 창작 주체가 인간이어야 하며 그 표현물 역시 사상이나 감정이 반영된 창의적 결과물이어야 한다. 이러한 기준에서 볼 때 AI가 생성한 번역물은 원칙적으로 저작물로 인정되기 어렵다. AI는 기계 학습 알고리즘과 방대한 언어 데이터를 기반으로 입력 값에 대응하는 가장 가능성 높은 출력을 예측할 뿐 고유한 창의적 의도나 감정을 바탕으로 번역을 수행하지 않는 까닭이다.

미국 저작권청은 지난 2023년에 발표한 AI 산출물에 대한 1차 저작권 가이드라인 〈AI 생성물을 포함한 창작물에 대한 저작권 등록 안내서(Registration Guidance: Works Containing Material Generated by Artificial Intelligence)〉에서 생성형 AI의 등장이 기존 저작권법에

도전적인 질문을 던질 것이라며, 생성형 AI를 활용해 창작할 경우 저작권이 보호되는지 현재로서 정답이 없음을 간접적으로 인정했다(김인숙, 2025). 이때 저작권청의 입장은 저작권법이 인간 창작자(Human Authorship)를 전제로 한다는 기존 법적 해석을 고수하며 AI가 자동으로 만드는 창작물은 법적으로 보호받을 수 없다는 것이었다.

그러나 이어서 발표된 AI 산출물에 대한 2차 저작권 가이드라인에서는 〈AI 시스템이 생성한 산출물의 저작권 보호 가능성에 관한 보고서(Copyright and Artificial Intelligence, Part 2 : Copyrightablility)〉를 통해 저작자가 창의적인 표현을 위한 도구로 AI를 사용했다면 결과물에 대해서도 보호할 수 있다고 명시했다. 이러한 입장의 변화는 AI가 도구로 사용된 방식과 창작자의 창의적 기여 정도가 법적 보호 여부를 결정하는 핵심 요소가 된다는 점을 보여 주며 향후 생성형 AI 시대의 창작물 저작권 논의에서 핵심적인 기준점이 될 것이다.

디지털 환경의 도래는 지식의 생산과 유통 방식과 번역의 주체나 매체의 성격에도 큰 변화를 가져왔다. 과거에는 지식과 번역의 생산 주체가 주로 전문가와 지식인에 한정되어 있었으며 주로 서적, 학술지, 전문 출판물을 통해 지식을 전달했다면 오늘날은 디지털 플랫폼의 발전으로 일반인도 쉽게 번역에 접근할 수 있고 디지털 환경에서 지식을 생산할 수 있게 되었다. 유통의 공간 역시 특정한 물리적 공간과 매체를 벗어나 사이버 공간 즉, 인터넷과 클라우드 플랫폼 등을 통해 실시간으로 빠르게 확장된다는 특징이 있다.

이러한 변화는 지식의 생산과 소비의 경계를 흐리게 했고 수용자와 생산자의 역할을 동시에 수행하는 '수용자-생산자'의 개념을 등장시켰다. 이제 지식은 더 이상 전문가나 출판사의 독점물이 아니며 대중과 다양한 참여자가 함께 생성하고 공유하는 방향으로 발전하는 동시에 번역의 윤리에 새로운 고민을 불러일으킨다. 예컨대, 전문가가 아닌 일반인에 의한 번역이 증가함에 따라 번역의 정확성과 책임에 대한 기준이 모호해질 수 있다. 또한 사이버 공간에서 빠르게 확산되는 번역물들은 종종 원작자의 권리와 원문의 맥락을 충분히 반영하지 못하는 경우가 빈번하게 발생한다. 이에 따라 알고리즘 기반의 자동 번역 도구가 널리 사용되어 번역 결과물의 윤리적 책임 소재에 대한 문제 또한 발생할 우려가 있다.

이처럼 디지털 시대에 변화하는 번역 환경 속에서 누구나 번역에 참여할 수 있게 된 긍정적 측면과 더불어 번역의 신뢰성이나 저작권, 문화적 존중에 관한 윤리 기준을 새롭게 정립할 필요가 있다. 이러한 법적 기준 변화는 실제 번역 실천 현장에서 복잡한 문제를 야기하고 있기 때문이다.

번역가의 작업물과 AI의 결과물이 뒤섞인 형태로 생산되는 경우와 인간과 AI의 창작 기여도가 혼재된 결과물에 대해 저작권을 누구에게 부여할 것인지, 저작권 귀속 문제를 어떻게 판단할 것인지에 대한 명확한 기준은 여전히 부재한 상황이다. 그뿐만 아니라 AI 번역 결과물을 수정 없이 그대로 출판하거나 인용할 경우 원저작자의 권리를 침해할 소지가 있음에도 불구하고 사용자는 그 법적 책임과 윤리적 기준에 대해 충분한 인식 없이 활용하는 경우가 많은데 이는 기술의 발전 문제를 넘어서 번역의 창작성과 정체성 그리고 그에 따른 법적 · 윤리적 책임에 대한 사회적 논의가 절실히 필요함을 보여 준다.

AI 시대의 번역은 효율성과 생산성의 문제가 아니라 창작 주체의 정의, 책임의 귀속, 문화 간 해석의 윤리성 등 복합적인 문제를 내포하고 있으며 이에 대한 법적 · 윤리적 기준의 재정립이 요구되고 있음을 깊이 인식할 필요가 있다.

참고문헌

김은하(2025.4.5.). "'싸구려 취급' 분노에도 하루 평균 1억장 생성…'지브리 프사' 터졌다". 《아시아경제》. https://www.asiae.co.kr/article/2025040511144223177

김인숙(2025.1.2.). "중국 법원, AI 산출물 저작권 '엇갈린' 판결". 《로봇신문》. https://www.irobotnews.com/news/articleView.html?idxno=38505

대한민국법제처(2024). "저작권법". https://www.law.go.kr/%EB%B2%95%EB%A0%B9/%EC%A0%80%EC%9E%91%EA%B6%8C%EB%B2%95

이인영(2025.4.11.). "지브리 프사가 쏘아올린 'AI 저작권' 논란…위법 판단 기준은?". 《프라임경제》. https://www.newsprime.co.kr/news/article/?no=689377

이재박(2020). 《괴물 신입 인공지능》. MID.

10

AI 번역의 미래와 일본 문학 연구의 전망

기술의 발전은 언어와 인간의 관계를 다시 묻게 한다. 번역은 더 이상 인간만의 작업이 아니라 AI와의 협업 속에서 새로운 가능성과 한계를 드러내고 있다. 이러한 변화는 섬세한 해석을 요구하는 일본 문학 영역에서도 점차 확장되고 있으며 이 과정에서 번역의 본질과 연구의 방향 또한 재고되고 있다. AI 번역을 둘러싼 다양한 흐름과 사례를 통해 인간과 기계가 함께 만들어 갈 번역의 미래를 조망한다.

종교와 AI?

AI 번역의 경계와 협업의 사례

AI 기술의 발전은 번역 시장에 새로운 가능성과 변화를 불러일으키고 있다. 2024년 일본에서는 만화를 AI 기술로 번역하는 스타트업이 화제가 되었다. 도쿄대 출신의 연구생들이 설립한 주식회사 만트라(Mantra)는 엔터테인먼트 산업을 겨냥해 개발한 머신러닝 기술을 바탕으로 두 가지 주요 사업을 추진하고 있다.

첫 번째는 만화와 웹툰에 특화된 다국어 번역 엔진의 개발과 제공이다. '만트라 엔진'은 만화의 말풍선 부분을 스캔하면 자동으로 텍스트를 인식하고 사용자가 선택한 언어로 만화를 생성하는 기술이다. 이는 이미지 인식 기술과 대규모 언어 모델을 병행해 스토리와 문맥을 반영한 자연스러운 번역이 가능하고 한국어, 영어, 중국어, 베트남어 등 다양한 언어에 대응할 수 있다는 점이 특징이다. 이들은 AI 기술로 초벌 번역을 하고 난 뒤 팬들과 공동으로 클라우드를 통해 후속 작업을 진행하는 방식으로 번역하는 등 다양한 방법으로 AI와의 협업 관계를 개발해 오고 있다.

두 번째 사업은 번역된 만화를 활용한 영어 학습 서비스 '랑가쿠(Langaku)'다. 이 서비스는 《주간 소년 점프》에 연재된 작품을 포함해 유명 만화를 60편 이상 선별해 영어 번역본으로 제공하며 학습자가 즐겁게 영어 학습을 이어 갈 수 있도록 유도한다.

AI 번역을 활용한 콘텐츠의 개발은 언어의 장벽을 낮추어 세계 독자들이 일본 만화에 보다 쉽게 접근할 수 있도록 하고 나아가 중소규모의 출판사나 만화 제작자들이 해외 진출을 할 수 있는 새로운 기회를 제공한다. 이는 번역의 자동화 사례를 넘어 AI 기술이 '언어', '콘텐츠', '학습', '문화'의 경계를 어떻게 재편하고 있는지 보여 주는 실제 모델이라 할 수 있다.

이와 같은 사례를 통해 기대할 수 있는 것은 협업형 AI 번역의 실험이기도 하다. 초벌 번역은 AI가 빠르게 처리하고 그 결과물을 인간 번역가가 정제하는 방식이 오늘날 AI 번역의 가장 현실적인 활용 방안으로 주목받는다. 물론 이러한 협업에도 저작권이나 번역가의 창작 기여도와 같은 윤리적 쟁점은 존재한다. 그럼에도 불구하고 이러한 시도들은 AI 기술이 문학 텍스트의 번역에 어떻게 확장될 수 있을지에 대한 중요한 실마리를 제공한다.

일본 문학은 정서적 · 문화적 요소에 의해 기존의 기계 번역으로는 온전한 번역이 어려운 영역으로 여겨졌지만 AI와 인간 번역가의 협업 구조가 점차 정교해지면서 접근이 어려웠던 문학적 표현이나 문화적 함의를 보다 정밀하게 다룰 수 있는 가능성도 열리고 있다. AI가 초벌 번역을 빠르게 수행하고 인간이 이를 문학적 맥락에 맞게 다듬는 방식은 일본 문학처럼 섬세한 감정과 문화적 뉘앙스가 중요한 장르에서 효율성과 품질을 동시에 확보할 수 있는 현실적인 대안으로 주목받고 있다. 이러한 모델은 기술의 적용을 넘어 문학 번역의 생산 방식 자체를 재구성하는 계기가 될 수 있을 것이다.

AI 발달과 번역의 미래

세계경제포럼(World Economic Forum, WEF)은 '2023년 미래 직업 보고서(Future of Jobs Report 2023)'에서 2028년까지의 일자리 환경을 예상했다. 향후 5년간 6천 9백만 개의 일자리가 새롭게 생기고 8천 3백만 개의 일자리가 없어질 것으로 예측한 가운데 챗지피티로 인해 향후 5년 내 지구상의 직업 23%가 사라질 것으로 예측했다. AI가 대체할 일자리는 주로 콘텐츠 생성, 고객 서비스, 데이터 분석과 관련된 직업군으로 단순 반복 업무나 사무행정직 등이 위험군으로 밝혀졌다.

반면 2015년 영국 베네딕트 프레이(Benedict Frey)와 존 호크스워스(John Hawksworth) 교수는 디지털 혁명 이후 새로 생긴 직장과 일자리의 성장 관계에 대한 연구에서 기술의 혁신은 일자리 창출의 효과가 더 크다는 결론을 도출했다(노성열, 2020). 고부가 가치 산업에서는 일자리 증가의 효과를 가져왔고 인간의 판단이나 창의성, 사회적 상호 작용이 중요한 직무는 오히려 중요성이 커진다는 의외의 결과를 제시했다. 즉 과학 기술의 발전이 일부 직업을 대체하면서도 장기적으로는 새로운 일자리를 만들어 낸다는 긍정적인 전망을 내놓은 것이다.

이와 같은 전망은 구글 딥마인드의 CEO인 데미스 허사비스(Demis Hassabis)의 해명과도 일치한다. 그는 AI가 모든 일자리를 없애지는 않을 것이며 기술의 발전은 오히려 새로운 형태의 직업을 창출하고 생산성을 높일 수 있다고 언급한 바 있다(구민수, 2025).

대부분의 사람들은 AI의 발전이 학문 분야에 미칠 영향이 과거의 변화와는 비교할 수 없을 정도로 심대한 것이라 입을 모은다. 번역가는 원문을 깊이 있게 연구하고 문화적 · 역사적 배경을 고려한 번역을 시도했지만 번역가의 개인적인 해석이나 편향이 개입될 가능성도 있었다. 그러나 AI 번역 기술은 일본 문학의 연구에 새로운 가능성을 제시한다. 번역의 정확성 향상으로 AI 번역은 일본 문학 작품을 다양한 언어로 신속하게 번역해 세계 연구자들이 이를 쉽게 접근하고 연구할 수 있도록 돕는다. 고전 문학 작품이나 근현대 문학에서의 문체 차이를 이해하고 이를 정확하게 처리하는 것이 바로 그것이다. 또한 AI는 일본어가 가진 고유의 특성을 고려해 번역의 효율성을 높일 수 있는 능력을 지니고 있어 복잡한 표현 방식과 문장 구조, 은유적인 표현까지도 오류를 최소화하고 일관된 번역을 유지하는 데 유용할 수 있다.

그렇지만 AI에 의한 번역은 본질적인 해석이라기보다는 연구의 효율성을 높이기 위한 도구로 보아야 한다. 일본 문학의 연구에 있어 AI가 기초 자료 정리와 1차 분석 단계에서 도움이 될 것이라는 점은 자명하지만 어디까지나 연구 진행 과정에서의 수월성 확보라는 관점에서 바라보아야 한다(김성문, 2018).

그렇다면 번역에서 본질적인 요소란 무엇일까? AI를 통한 번역으로 발생하는 여러 문제는 인문학적 요소와 그 가치를 중심으로 판단해야 한다. 인간은 존엄하며 그 가치는 절대적이다. 따라서 인간은 수단이 아닌 목적 그 자체여야 한다는 점을 잊지 말아야 한다. AI는 번역 작업을 지원하는 유용한 도구가 될 수 있지만 번역의 본질적인 가치는 인간의 문화적 이해, 윤리적 판단, 정서를 포함한 창의적 과정에서 나온다는 점에서 AI는 결코 인간을 대체할 수 없다. 따라서 번역가는 언어 변환을 넘어 문화와 감정의 소통의 역할을 해야 하며 이는 기술적 처리가 아니라 인간의 지각과 감정이 반영된 결과물이어야 한다는 것은 매우 자명해 보인다.

참고문헌

구민수(2025.6.19.). "AI發 구조조정… "향후 5년내 신입 일자리 절반 사라질 수도"". 《매일신문》.
https://www.imaeil.com/page/view/2025061916124374205

김성문(2018). "인공지능 시대와 고전문학". 《문화와 융합》, 40(6), 129~154쪽.

노성열(2020). 《AI 시대, 내 일의 내일: 인공지능 사회의 최전선》. 동아시아.

랑가쿠. https://langaku.app/

만트라. https://mantra.co.jp/index_en.html

백종현(2017). "'제4차 산업혁명' 시대, 인문학의 역할과 과제". 《철학사상》, 65, 117~148쪽.

노윤지

고려대학교 중일어문학과에서 일본문학·일본문화 전공으로 박사 학위를 받은 후 동대학 일어일문학과에서 강의하고 있다. 2003년 문부과학성 초청 연수 유학생으로 도쿄가쿠게이대학교(東京学芸大学校)에서 수학했다. 2014년 일본 종합 문예지 《구자쿠센(孔雀船)》에 한국 시와 수필을 번역했고 2015년 대산문화재단의 외국 문학 번역 지원 사업으로 다야마 가타이(田山花袋)의 《시골선생(田舍教師)》을 번역했다. 2021년 《미키 로후 시선(三木露風詩選)》, 2023년 《무로 사이세이 시선(室生犀星詩選)》, 2025년 《사토 하루오 시선(佐藤春夫詩選)》을 번역 출간했다. 주요 논문으로는 "미키 로후(三木露風) 시 연구 : 상징주의 시를 중심으로", "《관광조선(觀光朝鮮)》을 통해 본 조선 관광과 문화의 이동 양상 : 특집 기사와 투고문을 중심으로", "기행문집 《신일본구경(新日本見物)》(1918)을 통해 본 헤테로토피아로서의 식민지 인식" 등이 있다.